AF234801

Yehuda Shenef

Die Israelitische Synode des Jahres 1871

im Goldenen Saal des Augsburger Rathauses

„Frag nicht nach Geltung für dich selbst

und streb nicht nach Ehrung.

Tu mehr als du lernst

und sehne dich nicht nach der Tafel der Herrschenden,

denn dein Tisch und deine Krone sind größer als ihrer

und dein treuer Arbeitgeber wird dir

deinen Lohn bezahlen."

Weisheit der Väter, 6.5

Inhalt

17 Einführung
21 Die Schauplätze
29 Die Teilnehmer der Augsburger Synode
63 Die Augsburger Gastgeber
79 Der Auftakt der Synode
83 Die Eröffnungsrede des Präsidenten Prof. Lazarus
97 Die Synode im Spiegel der Presse

Zeittafel

1781 Toleranzpatent Kaiser Joseph II. von Österreich

1806 *Grand Sanhedrin* von Kaiser Napoleon I.

1812 Toleranzedikt in Bayern

1866 Zusammenkunft und Auflösung des Deutschen Bundestags in Augsburg

1868 Rabbinerversammlung in Kassel

1869 1. Israelitische Synode in Leipzig

1870 Preußisch-Französischer Krieg

1870 Antisemitische Parteien im Deutschen Reichstag

1871 Bayern wird Teil des Deutschen Kaiserreiches

1871 2. Israelitische Synode in Augsburg

1933 Antisemiten regieren Deutschland

Vorwort

Die 2. Israelitische Synode in Augsburg, die im Juli 1871 eine Woche lang im von der Stadt dafür zur Verfügung gestellten historischen Goldenen Saal des altehrwürdigen Rathauses tagte, setzte die zwei Jahre zuvor[1] unternommenen Versuche fort, die Reformen der neologischen Gemeinden voranzubringen und auf ein verbindliches Maß festzulegen. Das traditionelle Judentum sollte bereits Ende des 18. Jahrhunderts unter den Reformen des Josephinismus und des „Grand Sanhedrin" Napoleons der Gesamtgesellschaft angenähert werden. Das sog. „Toleranzpatent" fand in der Haskala[2] einige Resonanz und Beifall, aber auch heftigen Widerstand, was nicht zuletzt an territorial unterschiedlichen Entwicklungen und Lösung lag.

Innerjüdische Bemühungen zur Reform gab es im 19. Jahrhundert viele. In aller Regel erstrebten sie eine Erleichterung in der Gebotspraxis des Judentums, um in der nunmehr zugänglichen Gemeingesellschaft besser zurecht zu kommen. Andere Kräfte suchten aber auch gezielt eine öffentliche Anpassung des Judentums an Art und Weise der christlichen Kirchen. Das fing an mit der Kleidung der Rabbiner und brachte auch die durchaus (bis heute) umstrittene Einführung von Orgeln im Gottesdienst der Synagoge. Mehr noch würden spätere Reformgemeinden gar Vokabeln wie „jüdisches Osterfest" anstelle von Pessach verwenden und persönliche Bar- oder Bat Mitzwa-Feiern für heranwachsende Kinder zu „jüdischen Konfirmationsfeiern" abhalten.

---

[1] Wegen des Krieges hatte man 1870 auf eine Synode verzichtet.

[2] השכלה – in etwa "Weisheit" von *sechel* (שכל) = Verstand, Intellekt. Etwa ab 1770. Jüdisches Gegenstück zur deutschen "Aufklärung".

1871 war in Augsburg davon zwar noch nicht die Rede, wohl aber wurden einige Beschlüsse gefasst, die zum offenen Bruch führten.

Das alte Judentum, das von den Neologen als „veraltet", verkrustet, nicht mehr zeitgemäß wahrgenommen wurde, war hinderlich, auch weil es den aufstrebenden Reformisten dabei im Wege stand, in der allgemeinen Gesellschaft die erwünschte Anerkennung zu finden. Nicht wenige Reformer gaben sich national, insbesondere im Zuge des preußisch-französischen Krieges und der gerade erst erfolgten Gründung des deutschen Kaiserreichs. Die Reformisten bemühten sich so national-patriotisch, kaisertreu wie nur eben möglich zu erscheinen. Kultur erlebte man im Theater, beim Konzert, in der Oper, im Museum, im Naturkundeverein, beim Tanzvergnügen, auf Kutschenfahrten zu Tee und Kuchen in Natur und Umland. Die „alten" oft aus ländlichen Dorfgemeinden Juden, störten dabei, auch weil sie Judenfeinde, die sich bald[3] schon stolz „Antisemiten" nennen würden, eben an das alte, überkommende, zu über-windende Judentum erinnere. Offener gesagt: Nicht wenige der Neologen machten das alte, veraltete Judentum für die Feindschaft den Juden gegenüber wenigstens mitverantwortlich. Im Gegenzug gab es auch die Überlegung und Hoffnung, die mögliche Anpassung jüdischer Erscheinungsweisen und Äußerlichkeiten an den üblichen Geschmack allgemeinen Gepflogenheiten, könnte diesen uralten Hass auf, die Verachtung der Juden, wenn schon nicht ausrotten, dann aber doch deutlich abmildern konnte.

Den Judengegnern hingegen entging es nicht, dass neben das alte Bild der „Kaftan-Juden", der ländlichen Hausierer plötzlich ganz andere Juden unübersichtlich wurden: Fabrikanten, Modernisierer,

---

[3] Der Begriff wurde 1879 von dem judenfeindlichen Agitator Joseph Marr (1819-1904) geprägt, der im selben Jahr mit der „Antisemitenliga" und seinem Buch „Der Sieg des Judenthums über das Germanenthum" für eine anhaltende Vergiftung der deutschen Politik sorgte.

Geschäftsinhaber, Anwälte, Ärzte, Künstler, Musiker, die nicht nur mithalten konnten, sondern im Wortsinn immer öfter den Ton angaben, und als „assimilierte" Juden dann auch nicht mehr „Itzig", „Jidel" oder „Jankel" hießen, sondern Max, Moritz und Siegfried.

Die meist aus Kirchenkreisen und dem Beamtentum stammenden Judenfeinde, die jahrzehntelang entschieden die von Regierungen und den Juden selbst angestrebte Gleichstellung ganz entschieden ablehnten und in vielfacher Weise bekämpften, wandelten sich nun zu stolzen Antisemiten und interpretierten ihren Hass auf Juden in neuem, „modernen", weil (scheinbar) wissenschaftlichen Gewand. Ihre Ablehnung der Juden basierte nun nicht mehr vorranging auf der christlich begründeten Abneigung gegen jüdisches Brauchtum und vermeintliche Marginalitäten, ob sie nun den Heiland Jesus weiterhin verschmähten, das taten auch zahlreiche „aufgeklärte" Geister, Religionswissenschaftler und Philosophen schon länger nicht mehr wirklich. Es war auch kein Kriterium mehr, ob Juden nun Schläfenlocken trugen oder nicht, ob ihr Festtagsbraten koscher geschlachtet wurde oder nicht, ob sie in der Synagoge sangen ... Den Judenhassern war natürlich nicht entgangen, dass sich immer mehr Juden nicht äußerlich anpassten und mitunter erhebliche gesellschaftlichen wie geschäftlichen Erfolge hatten: als normale Bürger, Geschäftsleute, als angesehene Herren und Damen in den sogar feinsten Gesellschaften. Man konnte ja fast sicher was drauf wetten: *je neuer und moderner, umso jüdischer.* Offenbar jedes Mittel: Theorien, Techniken, Methoden, gewissermaßen überall mischten sie mit: und meistens ganz weit vorne, als Pioniere und Wegbereiter. Nun war das aber in keiner Weise das, was sich die alten Judenhasser erträumten. Im Gegenteil, was das ihr Alptraum. Aber wie sollte man argumentieren, wo doch die Staatsreformer, die den Weg zur Emanzipation der Juden öffneten, doch überall aufzeigen konnten, wie sehr gut gelungen, angesichts zahlreicher spektakulärer Erfolge, doch alles gelungen war. Gerade die Juden waren es doch auch, die unter der Kleinstaaterei in deutschen Landen besonders litten, etwa unter Steuern, Zölle, Schikanen bei Kontrollen, Willkür durch Straßenposten, wovon viele Juden doch als Handlungsreisende manches Lied zu singen hatten. Natürlich waren die Juden in der glühenden Hoffnung, die Regeln des damals vergleichsweise liberalen Preußens könnten für sie alle gelten, oft sehr entschiedene Befürworter einer deutschen Einheit. Carl von Obermayer, der Begründer der modernen jüdischen Gemeinde in Augsburg und von 1861-68 erster Vorsitzender der Israelitischen Kultusgemeinde, der dann aber im Streit nach Wien auswanderte, war trotzdem ein glühender Anhänger des deutschen Kaisers, mit dem seine Schwester Henriette und ihr Mann Simon Oppenheimer, dem Erben des Kölner Bankhauses persönlich befreundet waren. Als weitgereister Militärhistoriker und Stratege hatte er nicht nur Einfluss auf den amerikanischen Bürgerkrieg, sondern auch auf die Schlacht von Königgrätz und letztlich auch auf den Ausgang des preußisch-französischen Krieg von 1870. Carl Obermayers Schriften – das „von" wurde Obermayer in Bayern nicht anerkannt, es wurde ihm in Württemberg verliehen – wurden in Bayern und Österreich verschmäht, weil er Jude war, in Berlin und Washington stießen sie auf großes Interesse, auch weil er bei seinen Exkursen Militärs und Ausrüstungen, Strategien, usw. genau studieren durfte, Stärken und Schwächen analysierte, usw. Wie dem auch sei. Obwohl Obermayer nun in Wien residierte, wegen der zahlreichen Wiener Verwandtschaft und der relativen Nähe zu Augsburg, gründete und betrieb er dort doch einen Verein zur Verehrung des deutschen (!) Kaisers. Durchaus bemerkenswert, wenn man vergegenwärtigt, dass es mit Franz Joseph (1830-1916), ja einen österreichischen Kaiser gab.

Auch in den Festreden der in Augsburg versammelten Gelehrten der Reform-Synode klingen immer wieder ausdrücklich deutschgesinnte, patriotische, teils nationalistische Töne an. Es war eine Zeit des nationalen Überschwangs. Der große Nachbar Frankreich war besiegt worden, die Kleinstaaterei überwunden und die lang ersehnte Deutsche Einheit erzielt worden. Für die Juden einher ging damit die rechtliche Gleichstellung. Jeder Jude konnte nun, wenn er wollte, einfach von Augsburg nach Berlin ziehen. Es bedurfte nicht mehr zwanzig Zollkontrollen, frisch erfundene Gebühren und endlose bürokratische Bosheiten, es war einfaches Bürgerrecht. Das galt nun für alle, damit auch für Juden.

Was nun also sollten nun aber die bisherigen Judenhasser tun? Etwa klein beigeben? Nun, mitnichten. Auch sie passten sich nun den neuen Verhältnissen an. Nun ja, als Träger einer Monstranz konnten sie nicht mehr vorangehen. Sie konnten nicht mehr mit ihrem, von der (eigenen!) Geschichtswissenschaft in Zweifel oder gar in Abrede gestellten, „einzig wahren Glauben" voranschreiten und zu dessen bloßer Anerkennung aufrufen. Über Jahrhunderte bestand nun aber genau darin der „Frevel" der Juden, diese Offerte, sich zum Heiland Jesus zu bekennen, zurückzuweisen.

Die neuen Judenhasser, die Antisemiten, verwandelten sich nun zu Detektiven. Sie predigten keine Heilslehre, sondern waren darum bemüht, einer gutgläubigen, ahnungslosen Allgemeinheit offenbar gut, ja bestens verborgene Gewissheiten zu enthüllen. Sie wollten und konnten aufzeigen, dass diese oder jene bestens bekannte Person des ohnehin öffentlichen Lebens „eigentlich", „tatsächlich", „in Wahrheit" ... nun ja, wie soll am es denn sagen ... in Wirklichkeit also *ganz wirklich, echt, im Ernst*, also gar *kein eigentlicher* Arzt war, sondern eben wohl nur vordergründig, stattdessen, man bedenke das: **ein Jude**! Der Fabrikant? **Ein Hebräer!** Der Kommerzienrat? **Ein**

Itzig! Der Opernsänger? **Ein verkleideter Hausierer!** Der Anwalt? **Ein kostümierter Kaftan-Jude.** Usw.

Wie, was, wo ...? **Was war passiert?** Die Antisemiten gingen ganz deutsch-philosophisch vor. Sie versprachen, ganz „unbestechlich" hinter jedwede gegebene, natürliche Erscheinung zu blicken, ganz so wie rund zwanzig Jahre *später* (freilich!) Röntgens Strahlen einen jeden Menschen zu durchschauen vermochten. Sie durchschauten die gescheiten Reformer, die stillen Assimilierten, ja sogar auch die christlich Getauften, die Siegfrieds, die Friedrich, die Erna, den Max und das Moritzchen und erkannten messerscharf „den Juden".

Auch im glattrasierten, bestens polierten Professor der Medizin erkannten sie unzweifelhaft den hakennasigen, schläfenlockigen, miefenden Kaftan-Juden, der seine tatsächliche Abkunft eigentlich nicht verbergen konnte, selbst dann, wenn sie schon zwei oder drei Generationen zurücklag, also nicht mal ihn selbst, oder seine Eltern betraf. Anders formuliert, das christliche Heilsversprechen, dass der verderbte Jude mit seiner Taufe seinem Unglück entkommen, sich und seinen Nachkommen eine Zukunft im Heil erwirken könnte galt nicht länger. Die Antisemiten, die Juden auch da entlarvten, wo sie längst nicht mehr, oder oft genug auch nie existierten, gaben sich mit nichts zufrieden, außer mit der physischen Vernichtung ihres postulierten Feindbilds und Schädlings. Und in eben diese Richtung entwickelte sich das Denken nun auch.

Nebenbei bemerkt haben die Synoden, über welche, wie auch in diesem Buch aufgezeigt werden kann, teils prominent, mal weniger klar berichtet wurde wohl auch zur Entstehung der antisemitischen Hetzschrift der „Protokolle der Weisen von Zion" beigetragen, insofern sich auf den Synoden tatsächlich Rabbiner versammelten und darüber „Sitzungsprotokolle" veröffentlichten. Auch wenn man diese heute bei Google-Books und Co. frei, offen und gratis lesen kann, so man das denn will, ... *damals ging das nicht.* Da musste man erst mal wissen, dass es die überhaupt gibt, wo es sie gibt, wie man sie bekommt. Anlass für allerlei Spekulationen, wenn man kein Jude war, zumal, noch mehr, wenn man ohnehin schon einen gewissen Argwohn hatte.

Die gegenwärtige Geschichtsbetrachtung in Deutschland setzt den Aufstieg des deutschen Antisemitismus gerne mit dem verlorenen (ersten) Weltkrieg an. Nur wird dabei (absichtlich ...?) übersehen, dass es im Deutschen Reichstag judenfeindliche, dann ausdrücklich antisemitische Parteien gab, durchgehend bis zum Ende des 1. Weltkriegs eben: beispielsweise die DSP (Deutschsoziale Partei) z.B. (gegründet als Deutschsoziale Antisemitische Partei) usw. Vom Ende des Weltkriegs im November 1918 bis zur Gründung der DAP, dem kurzfristigen Vorläufer der NSDAP Anfang Januar 1919 liegen daher auch nur zwei Monate. Das wird gerne übersehen.

Aus der Sicht der jüdischen Tradition, die sich im 19. Jahrhundert auf den christlichen Begriff der „Orthodoxie" zurückzog – und bis heute so genannt *wird* – waren es nun aber gerade die Reformer, die den Judenhassern und den bald folgenden Nazis und Rassisten die Tür aufmachten und ihnen die erforderlichen Werkzeuge in die Hand gaben. Als bestes Beispiel dafür galt Professor Moritz Lazarus, der als weltweit anerkannter Wissenschaftler den Boden der jüdischen Lehre längst verlassen hatte und vom heutigen Standpunkt aus eine bestenfalls spekulative „Völkerpsychologie" ersann, die Menschen allein wegen ihrer Abkunft aus einem bestimmten Volk spezifische Eigenschaften zuordnen wollte. In unserer Zeit ist das genau das was man so oder so als Rassismus entlarven und verurteilen, sicher ganz zu Recht. Der Anführer der Leipziger und Augsburger Synoden jedoch schöpfte nun aus eben genau dieser seiner allermodernsten Wissenschaftlichkeit den Anspruch auch ein angeblich veraltetes Judentum reformieren, zukunftstauglich machen zu müssen. Die Judenhasser freilich orientierten sich dann eben doch an seinen volkskundlichen, pseudopsychologischen Ansichten und knallten sie bis zum Irrsinn verfremdet dem europäischen Judenvolk um die Ohren.

Heute 150 Jahre später ist die Welt natürlich eine andere. Das Judentum in Deutschland existiert als solches nicht mehr. Wohl gibt es aus der ehemaligen Sowjetunion importierte Passjuden, eine Generation die im Zwangssystem des Kommunismus Menschen dazu zwang gegen leichte Annehmlichkeiten auf den eigenen Glauben zu bestehen. Und ja, es gibt abertausende Juden aus der ehemaligen UdSSR, die auch heute, 30 Jahre nach dem Untergang des „Reichs des Bösen",[4] noch die damalige staatliche Propaganda glauben (wollen!), dass ein zum Jahresende in … der eigenen (!) Wohnung aufgestellter, geschmückter Tannenbaum rein gar nichts mit dem Christentum zu tun habe, sondern einfach nur „ein alter russischer Brauch" sei. Rund neun von zehn Juden in Deutschland stammen aus eben dieser Sozialisation.

Das amerikanische Judentum ist mehrheitlich an eben der Reform orientiert, die vor rund 150 Jahren in Deutschland ihren Anfang nahm. Kein Wunder, dass damals die größte Zeitung aus New York einen bald ganzseitigen Bericht von der Synode im Goldenen Saal des Augsburger Rathauses brachte. Deutschland war für die Juden in den USA damals noch maßgebend. Davon kann heute keine Rede mehr sein.

Das Judentum in Israel ist der Antipode dazu. In Israel dominiert die sog. Orthodoxie, seien es die sog. Nationalreligiösen, welche die

---

[4] Ronald Reagan

Orthodoxie mit Patriotismus und Zionismus in Einklang bringen wollen oder die gerne fotografierten sog. Ultra-Orthodoxen, die *Charedim* (Frommen), die den Zionismus und damit auch mitunter den Staat als solchen und einfach ablehnen.

Sicher, es gibt in den USA auch orthodoxe und konservative und in Israel nicht wenige „Weltliche" (*Chilonim*) Juden, trotzdem lässt sich zwischen beiden Ländern eben grob gesagt dieser Gegensatz charakteristisch aufzeigen. In den letzten Jahren wurde er immer stärker ausgeprägt und recht viel deutet darauf hin, dass diese Gegensätze, die religiös sind, sich aber politisch artikulieren, in Zukunft deutlicher bemerkbar machen.

Es gibt eine Reihe von Ebenen auf denen sich dies bereits in der Vergangenheit bemerkbar machte. Das israelische Rückkehrrecht etwa erlaubt es einem *jedem* Juden, dass er ohne Umschweife soz. Ganz „automatisch" Staatsbürger werden kann, die Einwanderung nach Israel vorausgesetzt. Das gilt ganz natürlich für alle *„Ebräji"* aus der ehemaligen Sowjetunion, aber ... es gilt nicht für Personen die unter den Regeln der Reformgemeinden zum Judentum über-getreten sind. Wer trotzdem Israel werden will, muss in Israel also in einer orthodoxen Jeschiwa lernen, um akzeptiert zu werden, obwohl er womöglich Jahre oder Jahrzehnte als religiöser Jude gelebt hat.

Das klingt gravierend, ist eine Folge der Auseinandersetzungen von damals, ist letztlich aber doch marginal. Es betrifft einfach nicht sehr viele Menschen, und die welche es betrifft lassen sich drauf ein oder sagen sich von dem Vorhaben los.

Ganz anders verhält es sich freilich mit der wachsenden politischen Dimension. In den letzten Jahren wächst die Zahl „liberaler" Juden weiter an, wobei der Begriff irreführend, sehr gerne auch bewusst irreführend ist. Er meint nur noch selten, dass jemand tolerant und kein Extremist, sondern eher, dass er oft gänzlich unreligiös ist. Das liegt auch daran, dass sich auch Juden, die mit Gebeten & Geboten nichts (mehr) am Hut haben, ungern als Atheisten bezeichnen, da dies im Judentum, wegen seiner doppelten Definition als „Religion" und „Volk" sich anders verhält als bei Christen. Nicht zuletzt „Dank" der Antisemiten ist auch ein areligiöser Jude trotzdem als solcher zu „entlarven" und angreifbar. Der Röntgenstrahl der Antisemiten enthüllt sozusagen, dass die hochgebildete Blondine die Urenkelin einer Schwarzafrikanerin ist. Da kann man nichts machen, Pech.

Areligiöse, gesellschaftlich „liberale", „progressive", in Deutschland würde man sagen, „linke" Juden tendieren zunehmend dazu zum Staat Israel auf Distanz zu gehen. So gibt es mittlerweile einige US-Juden die zum Boykott von Israel aufrufen. Das kann in der Tat bedenklich, vielleicht gefährlich werden, zum einem für den Staat Israel aber auch für die Entwicklung des Judentums als solche. In den letzten Jahren haben sich nicht nur Fronten gebildet, sie verhärten sich sogar. Zwischen US-Democrats und Republicans galt es Jahrzehntelang, dass der Standpunkt zu und das Bekenntnis zu Israel „no issue" sei, also kein Streitpunkt. In letzter Zeit gilt dies jedoch immer weniger.

Der 1871 in Augsburg manifestierte Bruch zwischen neologischen und orthodoxen Juden könnte sich also fortsetzen. Und so wie an die Stelle des damaligen, heute (noch?) verpönten Antisemitismus ein „neuer", angeblich „moderner" Antizionismus getreten ist, der im Rahmen der Israelfeindlichen BDS-Bewegung aktuell so absurd wie es nur sein kann, sogar Speiseeis-Hersteller wie „Ben & Jerry" auf den Plan ruft, so kann sich die Entwicklung der Zukunft auch hier in eine ungeahnte Richtung entwickeln. Auf den gelehrten Völkerpsychologen Lazarus folgten eben rassistische Antisemiten, die die Notwendigkeit der Ausrottung Juden als Volksschädlinge wissenschaftlich belegen und vollziehen wollten.

Juden in aller Welt tun sicher gut daran sich auf das Gemeinsame, uns verbindende zu besinnen, andernfalls gefährden wir unser aller Sicherheit und Zukunft. Das hat uns die antike Welt, das finstere Mittelalter, das Zeitalter der Aufklärung aber auch die Moderne alles oft genug gelehrt.

Augsburg, *Jom Tzom Tamus* 5781, 27. Juni im Corona-Jahr 2021

Yehuda Shenef

Das Buch widme ich meinen Großeltern die der damals neuorthodoxen Tradition anhingen, und dem Andenken Rabbi *Natan Porges* (1848-1924), dem Vorfahr meiner Großmutter, der den späteren Standpunkt einer gemäßigten Reform vertrat.

Einführung

Die israelitische Synode des Jahres 1871 im Augsburger Rathaus

Vor genau 150 Jahren, am Dienstag 11. Juli 1871 begann die 2. Israelitische Synode im Goldenen Saal des Augsburger Rathauses, wo die Versammelten eine Woche lang bis zum Montag 17. Juli zusammen kamen.[5] Über den Inhalt berichten die 283 Seiten umfassende Sitzungsprotokolle, die 1873 gedruckt wurden.[6]

Die gastgebende Augsburger Israelitische Kultusgemeinde, bei der Eröffnung u.a. durch ihren Vorsitzenden Salomon Rosenbusch vertreten, der bis zur Wahl des Tagungspräsidenten zugleich auch den Vorsitz übernommen hatte, war nach eigenem Bekunden *stolz und geehrt,* die nach Leipzig 1869 erst zweite Synode im Ehrensaal der Stadt Augsburg beheimaten zu dürfen.

Eine Woche später war von Harmonie und Freude fast nichts mehr übriggeblieben. Alle teilnehmenden Rabbiner, darunter auch der Augsburger Rabbiner Jakob Hirschfeld wurden von den zahlreichen orthodoxen Gegnern für ihre Mitwirkung in öffentlichen Aufrufen „exkommuniziert", gebannt, ihr Wirken als Rabbiner für null und nichtig erklärt.

Was war passiert?

Der zeitliche Abstand von 150 Jahren ist groß, zu groß, um viele der vergangenen Konfliktfelder unerklärt nachvollziehen zu können. Zwischenzeitlich hat sich an den Verhältnissen vieles, fast alles wesentlich verändert, und vieles von dem was zwischenzeitlich passierte, war weit gewichtiger und existentieller als die damaligen

---

[5] Nach jüdischem Kalender entspricht dies 21. – 27. Tamus 5631
[6] "Verhandlungen der zweiten israelitischen Synode zu Augsburg vom 11. bis 17. Juli 1871 (nach der stenographischen Aufzeichnung)", 1873 Louis Gerschel Verlagsbuchhandlung, Berlin 1873

Streitthemen. Das würden auch die Zeitgenossen ganz leicht eingesehen, hätten sie gewusst und geahnt, was alles kommen würde. Schließlich ist alles in allem der zeitliche Abstand dann auch wieder groß genug, um die Augsburger Synode des Sommers 1871 wieder in unser Gedächtnis zu rufen. Zu bedenken ist hierbei freilich, dass die „neutrale" (unbedarfte) Außensicht eine völlig andere ist, als die von innerjüdischen Konflikten aufgeladene Perspektive. Und so verwundert es auch gar nicht, dass städtische Beobachter eine ansprechende, von Satzungsdebatten geprägte, vielleicht etwas zu langatmige Veranstaltung sahen, während jüdische Schreiber von Schande, Skandalen und Zerwürfnissen schrieben. Schon daraus wird spätestens klar, dass einer Einführung in die damaligen Strukturen und Verhältnisse bedarf, ebenso wie in die wesentlichen Konfliktfelder.

Obgleich die sonderbare Begebenheit in der Erinnerung der Stadtgeschichte längst völlig vergessen ist und keinerlei Erwähnung mehr findet,[7] befassten sich sehr viele Publikationen tagesaktuell mit erstaunlich ausführlichen, auch zeitweilig recht polemischen Beiträgen mit den „Ereignissen". Insbesondere die damals sehr zahlreichen jüdischen Magazine widmeten der Augsburger Synode während der Sitzungswoche, im Vorfeld und auch noch einige Zeit danach eine erhebliche Aufmerksamkeit. Aber auch ausländische Korrespondenten waren präsent und schrieben nicht zu knapp über die Augsburger Synode". Wollte man nun ihre aller Berichte anhäufen, ergäbe dies allein eine mehrbändige Enzyklopädie.

Und trotzdem ist alles heute doch alles längst vergessen. Oder doch nicht?

---

[7] Das umfangreiche (in der Online-Ausgabe immer weiter aktualisierte) „Augsburger Stadtlexikon" (Wissner-Verlag) schweigt dazu ebenso wie das „Jüdische Museum" zur Augsburger Stadtgeschichte der Juden.

Versuchen wir uns thematisch anzunähern.

Zwei Jahre vor der Augsburger Synode gab es schon mal eine in Leipzig. Angeregt und geleitet wurde sie von (fast) denselben Protagonisten wie zwei Jahre später in Augsburg. Die erste sog. Israelitische Synode tagte vom 29. Juni bis 4. Juli in Leipzig. Sie setze sich zusammen aus Rabbinern, Universitätsgelehrten und weiteren Honoratioren des öffentlichen (jüdischen) Lebens, die sich der sog. „Neologen-" oder „Reformbewegung" zugehörig fühlten – dabei aber keineswegs immer einig waren. Die „Reformer" grenzten sich in vielen Bereichen vom traditionellen Judentum ab, welche sich dann als Neo-Orthodoxie wiederum zu den Reformern auf Distanz gingen. Großen Raum nahmen dabei Fragen zur Einhaltung der Schabbes-Gebote ein, etwa der von Josef Ritter von Wertheim eingebrachte Antrag zum Fahren am Schabbat (um zum Gottesdienst kommen zu können, etc.), der von der Synode positiv beschieden wurde oder der Streit darüber, ob Orgeln (deren Existenz in Synagogen schon umstritten war), am Schabbat gespielt werden durften, ob an Tagen die bislang als unglücklich galten, nun auch geheiratet werden dürfte,[8] schließlich sollte der biblische Priestersegen nicht mehr von den Priestern selbst gesprochen werden und dergleichen mehr.

Eine direkte Folge der Leipziger Synode war die Gründung einer jüdischen Dachorganisation, des Deutsch-Jüdischen Gemeindebunds,[9] dem historischen Vorläufer des heutigen Zentralrats der Juden in Deutschland – ausdrücklich als politische, nicht religiöse Vertretung des Judentums in Deutschland. Mit der sich anbahnenden Gründung eines einigen Deutschen Reiches zeichnete sich als

---

[8] Als Christ könnte man sich die Frage vorstellen, ob kirchliche Hochzeitsfeiern am Karfreitag gestattet werden sollten.
[9] Ab 1893 Central-Verein deutscher Staatsbürger jüdischen Glaubens, oft CV oder C-V abgekürzt.

dessen frühe Schattenseite, auch die sehr bald, virulent werdende Präsenz organisierter *Antisemiten* ab.

Von der Synode gibt es ein Foto mit dem gewählten dreiköpfigen Präsidium der Synode, das insofern auch für unseren Zweck brauchbar ist, weil zwei von dreien auch in Augsburg gewählt wurden, wobei Ritter Wertheimer zumindest anwesend war und aktiv ins Geschehen eingriff.

Das Leipziger Präsidium: Ritter von Wertheimer, Moritz Lazarus, Abraham Geiger

Die Schauplätze

Das „neue" **Augsburger Rathaus** neben dem *Perlachturm*[10] wurden zwischen 1615 und 1624 durch den städtischen Baumeister Elias Holl (1573-1646) anstelle des alten, abgebrochenen errichtet. Die lateinische Widmungsinschrift ist auf das Jahr 1620 datiert: MDCXX.

Für den Bau Fundaments wurden Grabsteine vom mittelalterlichen Judenkirchhof verwandt, was man von entsprechenden Funden in den 1920er Jahren gesichert nachweisen kann. Der fertige Bau war mit 57 m bis 1917 das höchste Haus Deutschlands. Prunkstück des Holl-Baus ist der ca. 550 m² große, 14 m hohe sog. „Goldene Saal" mit imponierenden goldgeschmückten Portalen, Verzierungen und Wandmalereien. Neben den Ratssitzungen diente der Saal als Ort für repräsentative Versammlungen und Empfänge. 1653 wurde im Saal der zwanzigjährige Ferdinand IV zum deutschen König gekrönt, der aber schon im Jahr darauf an der Pocken-Krankheit verstarb. 1690 gab es ein Krönungsbankett für Kaiser Joseph I. (1678-1711). 1713 und 1714 tagte hier Deutsche Reichstag. Illustre Gäste waren Napoleon Bonaparte (1805) und Ludwig II. 1891 wurde hier dem deutschen Reichskanzler Otto von Bismarck die Ehrenbürgerschaft

---

[10] *Perlach* bezieht sich auf Bärlauch (*allium ursinum), mhd. berlach*

Goldener Saal im Augsburger Rathaus mit Besuchern, Postkarte 1893

Rathaus mit Perlachturm, Stahlstich 1870

der Stadt Augsburg verliehen. 1914 gab es zu Ehren Ludwig III. ein letztes königliches Bankett.

1944 wurde das Rathaus zerbombt und mit ihm auch der Goldene Saal vollständig zerstört. Erst zum Stadtjubiläum im Jahr 1985 wurde der mit zweieinhalb Kilo Blattgold rekonstruierte Prachtsaal offiziell eingeweiht und der Öffentlichkeit zugänglich gemacht. Seitdem dient der Saal vor allem auch als Touristen-Attraktion, für Konzerte, Tagungen, Empfänge und Ehrungen für Neubürger oder erfolgreiche Sportler und dergleichen mehr.

Wie bereits 1871 steht auch heute der repräsentative Charakter des Prunksaals im Blickpunkt. Er verleiht den Veranstaltungen eine besondere Atmosphäre und Würde.

Hotel zu den Drei Mohren

Lichthof im Hotel zu den Drei Mohren, um 1880

Palast-Hotel „Drei Mohren", rechts daneben Fugger-Palais

Jagdzimmer im Hotel Drei Mohren, Postkarte 1925

Das ehemalige Gästehaus der Fugger war bis vor Jahresfrist als Hotel (zu den) „Drei Mohren" bekannt, wurde aber Ende 2020 im Zuge der sog. „Black Lives Matter" Diskussionen nach Protesten über einen vermuteten rassistischen Hintergrund[11] des seit einem halben Jahrtausend geläufigen Namens in „Maximilian's" geändert.

---

[11] Ein Hotel oder Gasthof ist an selbiger Stelle bereits seit Mitte des 14. Jahrhunderts bezeugt. Eine Legende berichtet davon, dass im Jahr 1495 vier abessinische Mönche nach Augsburg gekommen seien und hier überwinterten. Als die Witterung besser wurde zogen sie weiter. Ein weiterer Wintereinbruch habe dann dafür gesorgt, dass einer der Mönche erfroren sei. Die drei anderen kehrten nach Augsburg zurück und wurden dann namensgebend für den Gasthof, in dem sie wieder wohnten.

Bei der Namensgebung dachte man sich jahrhundertelange nichts, aber sie ist heute im allgemeinen Geschmack nicht mehr vermittelbar. Auch wer leichtfertig, weil selbst ja wohl unbetroffen, argumentieren will, dass der Name keineswegs rassistisch, sondern anerkennend sei, übersieht (vielleicht bewusst?), dass die Besucher aus Abessinien *Mönche* waren. Wollte man sie *als solche ehren*, was nicht abwegig wäre, hieße das Hotel „zu den drei Mönchen". Doch jeder weiß, so war es dann eben nicht. Herausgehoben wurde dann doch nur die *Hautfarbe*, die Andersartigkeit.

Synagoge Wintergasse

Alte Synagoge am Hunoldsberg, von Paul Tautenhahn (1879-1944)

Innenraum Synagoge Wintergasse

Die Teilnehmer der Augsburger Synode

Es ist sicher nicht voraussetzbar, dass man die Teilnehmer einer mehrtägigen Konferenz, die vor 150 Jahren stattfand ohne weiteres ermitteln und vorstellen kann. Im Falle der Israelitischen Synode zu Augsburg ermöglichen uns aber zahlreiche Zeitungsberichte genau dies. Sie ermöglichen uns einen guten Überblick.

Zur 2. israelitischen Synode sind angemeldet die HH.: Dr. Professor v. Lazarus. — Dr. Adler von Cassel. — Dr. Gumplowitz von Krakau. — Redakteur Klingenheim von Ingelheim. — Dr. Hochstädter von Ems. — Dr. Wiener von Oppeln. — Dr. Löw von Sjegedin. — Dr. Grünebaum von Landau. — Dr. Auerbach, Dr. Ad. Brühl und Dr. Brühl von Frankfurt a./M. — Dr. Fürst von Bayreuth. — Dr. Wechsler von Oldenburg. — Redakteur Szanto, Ritter v. Wertheimer, Schriftsteller L. Kompert und Dr. Beach von Wien. — Dr. Goldschmidt, Dr. Fürst und Simon Rohmer von Leipzig. — Sekretär Wertheimer, Dr. Aub und Dr. Geiger von Berlin. — Dr. Dreifuß von Meiningen. — Dr. Engelhart von St. Gallen. — Dr. Ortenau von Fürth. — Rabbiner Seligsberg von Fellheim. — Simon J. Weil, Kaufmann und Bracher, Journalist von München. — Dr. Vogelstein von Pilsen. — Holländer, Kaufmann von Löbschütz. — Rabbiner Wittelshöfer von Floß. — Flesch, Kaufmann und Obermayer, Lehrer von Oettingen. — Simon Kreimer, Lehrer von Ansbach. — Simon Tannebaum und Elsäßer, Lehrer von Laupheim. Rabbiner Weinmann von Buchau. — Sal. Marcus, Fabrikant von Bucharest. — Prediger A. Wolf von Wulffen. — Dr. Dessauer von Bamberg. — Simon Rosenheim von Birndorf. — Dr. M. Josephsthal und Bettmann von Nürnberg. — Dr. Wassermann von Mähringen. — Dr. J. H. Hirschfeld. — Gemeinde Augsburg die HH. Rosenbusch, M. Obermayer, M. Bauer, H. Landauer, H. Kohn.

Kurzmeldung der „Neuen Augsburger Zeitung" vom 12. Juli 1871

Nicht nur die führenden Köpfe, auch die meisten anderen Besucher der *Augsburger Synode* im Goldenen Saal können ermittelt und zum besseren Verständnis ihrer Anwesenheit vorgestellt werden. Die meisten von ihnen haben durchaus bewegende Biographien im Laufe eines von Wandeln begriffenen 19. Jahrhunderts durchlebt, das zahlreiche Zerwürfnisse, aber auch einprägende technische Errungenschaften mit sich brachte. Dazu gehörten auch Fotos, die zwar noch nicht so populär waren wie sie im 20. Jahrhundert werden sollten. Sie sind um 1870 sogar schon geläufig genug, dass wir von vielen der Teilnehmer auch Bilder haben, obwohl viele der Synodalen bereits in fortgeschrittenem Alter waren. Als Reformer waren sie dann aber vielleicht auch den modernen Entwicklungen aufgeschlossener.

Wie dem auch sei, sind uns die Teilnehmer der Synode zu Augsburg nicht nur als bloße Ansammlung von Namen, sondern als Personen mit Biographien, Hintergründen und in vielen Fällen eben auch mit Gesicht zugänglich.

Präsident der Synode zu Augsburg war wie bereits in Leipzig, zwei Jahre zuvor Professor Lazarus.

Prof. **Moritz Lazarus** (1824 bei Posen, 1903 in Meran) war einer der Begründer der *Völkerpsychologie*, einem Vorläufer moderner Ethnologie und Kulturanthropologie, die davon ausging, Völker besäßen unterscheidbare, spezifische „Volksseelen" mit typischen Eigenschaften. Lazarus absolvierte in Posen eine Kaufmannslehre und besuchte im Anschluss daran das deutsche Gymnasium. Nach dem Abitur studierte er in Berlin Geschichte und Philosophie. 1850 heiratete er Sarah, promovierte er und veröffentlichte sein Werk Philosophie, Geschichte und Philologie *Über den Begriff und die Möglichkeit einer Völkerpsychologie als Wissenschaft.*

In den 1860er Jahren lehrte er als Professor für Völkerpsychologie an der Universität im schweizerischen Bern. 1866 kehrte er nach Berlin zurück und lehrte an der 1810 gegründeten Preußischen Kriegs-akademie Geschichtsphilosophie. Hierauf bezieht sich auch seine Bezeichnung als Berliner Professor zum Zeitpunkt der Augsburger Synode, da er das Amt bis 1872 bekleidete. Nahe Leipzig, dem Austragungsort der ersten Synode besaß er im Vorort Schönefeld ein stattliches Sommerhaus mit einem eigenen großen Park. Dort besuchten ihn eine Reihe namhafter Freunde und Kollegen, wie Theodor Fontane, Clara Schuhmann. Nach dem Tod seiner Frau Sarah im Jahr 1895 heiratete er die ursprünglich christliche Schriftstellerin *Nahida Schasler* (1849-1928), die für ihn zum (neologen) Judentum konvertierte. 1897 übersiedelte das Paar nach Meran, wo Lazarus 1903 starb.

Prof. Lazarus, der mit den Lehren des Judentums selbst wenig am Hut hatte und sich eher der allgemeinen Philosophie verbunden fühlte, setzte sich auf politischer Ebene für die Gleichberechtigung eines aufgeklärten Judentums im öffentlichen Leben ein. Dabei setzte er sich publizistisch mit dem Historiker und Publizisten Heinrich von Treitschke (1834-1896) auseinander, der als sog. antisemitischer Abgeordneter 13 Jahre Mitglied des Deutschen Reichstages war und als Wegbereiter der späteren NS-Bewegung gilt. Treitschkes Slogan *„Die Juden sind unser Unglück"* wurde zur „Losung" von Julius Streichers NS-Schmierblatt „Der Stürmer".

Unter dem Vorsitz von Lazarus wurde die erste *Israelitische Synode* 1869 in Leipzig abgehalten, die Rabbiner, Wissenschaftler und führende Laien aus sechzig Gemeinden Deutschlands, Österreichs und anderer Länder Europas und Amerikas versammelte. Diese Synode befasste sich mit den Reformbestrebungen im Judentum und billigte erstmals einige neue Formen der jüdischen Religionsausübung wie beispielsweise den Gebrauch der Orgel in der Synagoge.[8]

Moritz Lazarus um 1865

Abraham Geiger (1810-1874)

Wie bereits in Leipzig wurde auch in Augsburg Abraham Geiger zum zweiten Vorsitzenden der Synode gewählt. Geiger wurde am 24. Mai 1810 in Frankfurt am Main geboren als Sohn des Rabbiners Michael Geiger (1755–1823), der im Alter von 68 Jahren starb, als sein Sohn Abraham erst Bar Mitzwa wurde. 1829 begann er ein Studium in Heidelberg, wo er sich gegen den Willen seiner Familie nicht der jüdischen Tradition, sondern Philosophie, Altsprachen, Geschichte und Archäologie widmete. In Bonn traf er als Student u.a. mit *Samson Raphael Hirsch* (1808-1888), seinem späteren orthodoxen Kontrahenten, zusammen. Geiger selbst befasste sich in Bonn u.a. auch mit dem Koran. Für seinen Aufsatz *„Was hat Mohammed aus dem Judenthume übernommen?"* (1733 gedruckt) erhielt er ein Doktorat an der Universität Marburg. Von 1832 bis 1837 war er dann aber zunächst Rabbiner in Wiesbaden.

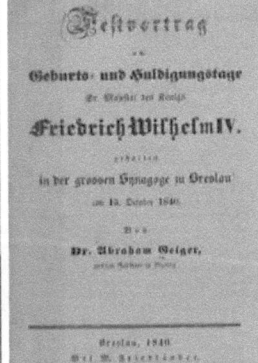

Geiger gründete die *Wissenschaftliche Zeitschrift für Jüdische Theologie* die zwischen 1835–1839 erschien und später als *Jüdische Zeitschrift für Wissenschaft und Leben* (1862–1875) neu auflebte. Ab 1838 war er zunächst als Assistent, dann als Rabbiner in Breslau, wo er wegen seinen bereits praktizierten Abweichungen von der Tradition immer wieder Gegenstand zahlreicher Kontroversen wurde. Trotzdem konnte er sich bi 1863 in Breslau halten, ehe die Konservativen wieder tonangebend wurden. Im selben Jahr verließ Geiger Breslau und wechselte nach Frankfurt am Main, wo er bis 1870 als Rabbiner amtierte. Von dort zog es ihn nach Berlin, wo er zu den Gründern der *Hochschule für die Wissenschaft des Judentums* gehörte und bis zu seinem Tod im Herbst 1874 lehrte. In dieser Funktion treffen wir ihn also als Teilnehmer der Augsburger Synode im Goldenen Saal des Rathauses an. Unter den Reformern vertrat Geiger einen eher gemäßigteren Kurs, der eher auf Zeit, als auf Revolution setzte. Freilich nahm er es mit den Kaschrut-Bestimmungen, die er größtenteils für veraltet hielt, nicht sehr genau, während er sich andererseits dagegen verwahrte, den Schabbat einfach auf Sonntag zu verlegen, wie manche Reformer es vorschlugen. Verheiratet war er mit Emilie Oppenheim (1809-1860), die in Breslau verstorben war. Ihr Sohn Bert Geiger (1847-1919) wurde Rechtsanwalt und gehörte als Mitglied der Fortschrittspartei einige Jahre den hessischen Landtagen an. Der zweite Sohn Ludwig Geiger (1848-1919) war Übersetzer, Kunst- und Literaturhistoriker. Er machte vor allem als Übersetzer von Ernest Renan („Das Leben Jesu") und als Goethe-Experte von sich reden.

In Berlin benannten man 1999 nach ihm das *Abraham-Geiger-Kolleg*, an welchem seitdem Reform-Rabbiner ausgebildet werden. Die 2005 vorgenommene erste Ordination des Kollegs war auch die erste eines Rabbiners in Deutschland seit 1942. Etwa alle zwei Jahre wird ein mit 10.000 Euro dotierter *Abraham-Geiger-Preis* vergeben. Unter den oft renommierten Preisträgern waren der Bruder des damalige und Onkel des jetzigen jordanischen Königs Hassan Ibn Talal (2008), der katholische Theologe Hans Küng, die frühere Bildungsministerin und Deutsche Botschafterin im Vatikan Annette Schavan (2013), Bundeskanzlerin Merkel (2013) und der inzwischen verstorbene israelische Schriftsteller Amos Oz (2017).

Die Augsburger Synode war für Geiger, der eine ihrer treibenden Kräfte war, eine herbe Enttäuschung. Die Zahl der Teilnehmer war geringer als in Leipzig, die der Rabbiner zu gering, die der lauten Gegner aber zu zahlreich, um eine positive öffentliche Wirkung zu erzielen. Geiger starb am 23. Oktober 1874 in Berlin.

Josef Ritter von Wertheimer (1800-1887)

Ein wesentlicher Protagonist der Reformbewegung war der am 15. März 1800 in Augsburg geborene Josef Ritter von Wertheimer, dem Sohn des Salomon Wertheimer (1758-1834) und der Miriam Oppenheimer (1758-1836). Josef Wertheimer war Urenkel des am jüdischen Friedhof von Pfersee/Kriegshaber bestatteten Rabbiners Schimon Wolf Wertheimer (1681-1765) und mit Henriette Ulmann (1807-1888) der Tochter von Henoch „Henle" Ulmo verheiratet.

Josef Wertheimer war als Pädagoge auch Vorkämpfer der späteren „Kindergarten"-Bewegung. Bei einem Aufenthalt in London wurde er auf die *infant schools* von *Samuel Wilderspin* (1791-1866) aufmerksam und übersetzte (1826) dessen Schrift *„Über Frühe Geistige Erziehung und Englische Kleinkinderschulen"* ins Deutsche. Frisch gedruckte Exemplare sandte er umgehend an die österreichische Regierung, um diese dazu zu bewegen auch in Österreich ähnliche Einrichtungen zu gründen. 1830 gründete Wertheimer mit dem katholischen Geistlichen Johann Lindner den ersten Kindergarten. Zuvor hatte in Augsburg Henriette, die Tochter von „Henle" Ephraim Ullmann geheiratet, die mit ihren Geschwistern als Kind selbst Vollwaise wurde und sich gerade auch deshalb für die wohltätigen Unternehmungen ihres Mannes sehr engagierte, die in beider Heimatstadt zur Gründung einer Bewahranstalt führte. Für selbige wurden laufend gespendet und Spenden gesammelt: Kleidungsstücke, Spielwaren, Essen, Geld, usw. In Wien aber auch andernorts entstanden auf sein Betreiben erste Schulen zur Ausbildung von Kindergärtnerinnen.

Wegen seines erheblichen sozialen Engagements, das weit über jüdische Belange hinausreichte wurde Wertheimer vom Kaiser zum Ritter des *Franz-Joseph-Ordens* ernannt. Ritter von Wertheim gehörte lange dem Vorstand der jüdischen Gemeinde in Wien an und war von 1864 bis 1867 deren erster Vorsitzender. Er verfasste mehrere politische Schriften, welche die Emanzipation der Juden propagierten.

Bei der ersten Synode in Leipzig gehörte er dem Vorstand und als wesentlicher Ideengeber an, was er trotz vielfacher Bitten und persönlicher Anwesenheit in seiner Geburtsstadt Augsburg nicht wiederholen wollte. Trotzdem verdankte die Synode ihren Tagungsort seiner Initiative. Auch zur Augsburger Synode trug er mit einer Reihe von Anträgen bei.

Wegen der meist polemischen Kritik an der Synode gründete Ritter Wertheimer 1872 in Wien die *Israelische Allianz* nach Vorbild der *Alliance Israélite Universelle* in der wohlmeinend guten Absicht, eine möglichst große Geschlossenheit unter den Juden zu behalten.

Henriette Wertheimer 1830

Josef Ritter Wertheimer um 1865

Josef Aub (1804-1880) wurde im mittelfränkischen Baiersdorf geboren und war einer der maßgeblichen Reformrabbiner des 19. Jahrhunderts. Also solcher amtierte er in Bayreuth, Mainz und schließlich in Berlin.

Nach dem Schulbesuch besuchte er die Talmudschulen in Fürth und Hamburg. Hernach studierte er noch in Erlangen und München und absolvierte die bayerische Staatsprüfung, um im Anschluss das Rabbinat in Bayreuth zu übernehmen. Rabbiner Aub war der erste, der in Bayern, der Forderung der bayerischen Staatsregierung nachkam, Predigten in der Synagoge in deutscher Sprache zu halten (auch um misstrauischen Besuchern das Mithören zu erleichtern). Seitens der Obrigkeit wurde Rabbiner Aub dafür gelobt, stieß aber auf Widerspruch bei Kollegen und Gemeinden. 1846 erreichte er mit einer von 60.000 bayerischen Juden unterschrieben Petition, die offizielle rechtliche Anerkennung der Kultusgemeinden im Königreich. 1852 ging Aub nach Mainz, wo sich wegen eines von ihm angestoßenen Orgelstreits die Gemeinde bald spaltete. Aub wechselte zur neu gegründeten Reformgemeinde und bleib so bis 1865 in der Stadt. Im Jahr darauf wechselte er nach Berlin in die *Neue Synagoge* in der Oranienburger Straße in Berlin. 1869 trat Abraham Geiger der Hauptstadt als zweiter liberaler Rabbiner an seine Seite, der freilich publizistisch weitaus aktiver war. Ihre Reformen führten auch hier zur weiteren Spaltung der jüdischen Gemeinschaft. Mit Aub und Geiger waren zwei der bedeutenden Reformrabbiner in Augsburg zugegen. Wie die Mehrzahl der Synodalen gehörten sie freilich einer Gruppe alter Männer an, die den Aufbruch den sie propagierten, alters- und krankheitsbedingt längst nicht mehr darstellen konnten. 1879 ging auch Aub in den Ruhestand und starb im Jahr darauf, 75 Jahre alt.

Synagoge Oranienburger Straße Berlin, Tausendfels 2006

Dr. **Lazarus** (Levi) **Adler** war Landesrabbiner von Hessen-Nassau und wurde 1810 im unterfränkischen Dorf Unsleben als Sohn des kurhessischen Landesrabbiners Naftali Hirsch Adler geboren. Er studierte zunächst in der Talmudschule des Rabbi Hirsch Kunreuter in Gelnhausen, dann bei Abraham Bing in Würzburg. Dort wechselte er zur Universität, studierte hernach noch in München, um schließlich in Erlangen zum Dr. phil. Zu promovieren. Danach assistierte er bei seinem Vater als Rabbiner in Unsleben. 1840 übernahm er das Amt des Rabbiners in Bad Kissingen, 1850 wechselte er nach Kassel, wurde dort auch Landesrabbiner von Hessen-Nassau und blieb es bis er 1884 in den Ruhestand ging. Dr. Adler entschied sich im Laufe der Jahre für die Reformbewegung und wurde zu einem ihrer bedeutenden Protagonisten. 1864 verfasste er ein *„Lehrbuch für israelitische Schulen"*, 1872 eines mit dem bezeichnenden Titel *„Die Hauptlehren der jüdischen Religion, ein kurzgefasster Leitfaden für den Corfirmanden-Unterricht"*.

Der in Zeitungsberichten als Teilnehmer aufgeführte *„Rabbiner Seligsmann aus Fellheim"* war Rabbi **Marx Hayum Seligsberg**, 1799 geboren im mittelfränkischen Baiersdorf und 1877 in Fellheim gestorben, wo er seit 1830 bis zu seinem Tod als Rabbiner des Dorfs im südschwäbischen Unterallgäu war. Zuvor hatte er in Erlangen studiert und sich hernach erfolglos als Rabbiner in Bayreuth beworben. In Fellheim heiratete er die Tochter seines Amtsvorgänger Joel Seligmann, mit der er neun Kinder hatte. Seine lange Amtszeit war nicht unumstritten, so wurde ihm seitens der Gemeinde eine achtlose Amtsführung, die Vernachlässigung der Armenfürsorge aber auch schon mal die Veruntreuung von Geldern vorgeworfen. Zur Zeit der Augsburger Synode war der alte Rabbiner Seligsberg auch zuständig für die Allgäuer Gemeinden in Altenstadt, Osterberg, Kempten und Memmingen, was mit häufigen beschwerlichen Reisen verbunden war. Bei der Synode gab er keine glückliche Figur ab und wurde teilweise sogar öffentlich verlacht, ohne zu bemerken, dass die Synodalen seine Einwände nun wirklich nicht ernst nahmen.

Grabstein von Rabbiner Seligsmann am Fellheimer Friedhof

Als *Obermayer, Lehrer von Oettingen* erweist sich **Wolf Obermeier**, geb. 1800 in Treuchtlingen und von 1826 bis 1863 Lehrer an der jüdischen Schule in Hainsfarth. Verheiratet war er mit Jette Neumark aus Pappenheim, die 1874 verstarb. In Oettingen unterrichtete er Religionsunterricht für jüdische Schüler aus dem Umkreis in der örtlichen Lateinschule. An der Augsburger Synode nahm er als Privatmann teil, da er seit 1863 keine Anstellung mehr als Lehrer hatte. Wolf Obermeier war nach dem Tod seiner Frau nach Augsburg übergesiedelt und wohnte am Annaplatz D 285 (heute: Martin-Luther-Platz 2, Ecke Philippine-Welser-Straße, gegenüber von Karstadt). Interessant ist, dass er als in Augsburg wohnend nicht unter den hiesigen Teilnehmern der Gemeinde aufgelistet wurde, sondern als externer Besucher. Er starb am 21. Mai 1881 und wurde am jüdischen Friedhof im südlichen Stadtteil Hochfeld bestattet.

Obermeier Michael, Fabrikweber. Kirchgasse A. 229.
— Wolf, penf. Lehrer. St. Annapl. D. 285.

Augsburger Adressbuch 1881, unten: das Wohnhaus heute

Ein weiterer Teilnehmer der Synode war der Philosoph, Publizist und Historiker **Leopold Löw** (1811-1875), „neologischer" Rabbiner im ungarischen Szeged, in manchen Zeitungsmeldungen notiert als „Dr. Löw von Szegedin". Rabbi Löw stammte aus Mähren und sah sich als Nachkomme des berühmter Prager Rabbi Jehuda Löw (bekannt von der Golem-Sage).

Löw besuchte ab dem zwölften Lebensjahr Talmudschulen in Trebisch, Leipnik und Eisenstadt. 1831 fand er eine erste Anstellung als Hebräisch-Lehrer im mährischen Proßnitz (heute: *Prostějov*). Ab 1835 studierte er Altphilologie in Preßburg und Philosophie in Pest. 1840 wurde er Rabbiner in Groß-Kanisza, 1846 im ungarischen Papa, wo er bald mit der traditionellen Gemeinde in Konflikt geriet. In Szeged war er von 1850 bis zu seinem Tod Rabbiner. Löw war das Sprachrohr der „Neologen" in Ungarn, die freilich nur wenig Zustimmung fanden. Über zehn Jahre gab er die nach dem Mischna-Gelehrten benannte Zeitschrift *„Ben Chananja"* heraus. Er war mehrsprachig (Jiddisch, Hebräisch, Deutsch, Ungarisch, Latein, Griechisch, Italienisch, usw.) und literarisch tätig. So übersetzte er auch Werke von Friedrich Schiller ins Hebräische, verfasste selbst zahlreiche Schriften und Artikel zu talmudischen, philosophischen und politischen Fragen.

Ludwig Gumplowicz (auch: Gumplowitz) wurde 1838 als Sohn des Rabbiners Simon Gumplowicz in Krakau geboren. Entgegen der elterlichen Hoffnungen wurde er aber nicht gleichfalls Rabbiner, sondern schlimmer noch, ließ er sich christlich taufen, der Karriere wegen, sozusagen. So wurde er Jurist und Professor für Staatsrecht an der Grazer Universität. Als solcher zählt er zu den Wegbereitern der Soziologie in Europa. Als *polnischer* Patriot nahm er 1863 am Januar-Aufstand gegen die Russen teil. Als dieser scheiterte, musste er Krakau zeitweilig verlassen und kam so also nach Graz, wo er bis 1908 als Professor seine Lehrtätigkeit ausübte. Obwohl er ein getaufter Christ war, blieb er trotzdem „der jüdischen Frage" (wie man damals zu formulieren pflegte) verbunden, freilich von einem eher theoretischen, oft spekulativen Standpunkt aus. Sein durchaus umstrittenes Buch „Der Rassenkampf" befeuerte eine (später als „sozialdarwinistisch" deklarierte) *Rassentheorie*,[12] die seitens der Antisemiten „aufgegriffen" wurde, falls man das, in Anbetracht dessen, was daraus erwuchs, überhaupt so salopp formulieren kann. Nach Gumplowicz war der „Rassenkampf" der (einzig) konstante Faktor in der menschlichen Geschichte, wobei das stärkere soziale Element danach streben müsse, sich die schwächeren „dienstbar" zu machen. Mittel dazu waren seiner Vorstellung nach Krieg, Ausbeutung, und dergleichen.

Sein Sohn Max Gumplowicz vertrat in einem Buch sogar die (inzwischen vollständig widerlegte) These, die polnischen Juden stammten von kaukasischen Chasaren ab. Eine Theorie die heutzutage von Antisemitenn und sog. Antizionisten zu gerne aufgegriffen wird, freilich ohne die Entkräftung zu zitieren. Vater und Sohn Gumplowicz lieferten also beide Judenhassern einiges Brennmaterial. Unheilbar an Zungenkrebs erkrankt beging Ludwig

---

[12] Darin dem Präsidenten der Synode Lazarus nicht ganz unähnlich …

Gumplowicz mit seiner Frau 1909 Suizid. Sein Sohn Maximilian war bereits 1894 verstorben.

Interessanter Weise war der konvertierte Christ ein entschiedener und *eifriger Gegner des Zionismus*. In seinem persönlichen Brief an Theodor Herzl gab er 1899 zu, dessen Schriften *wütend unter den Tisch geworfen* zu haben, da „sämtliche Voraussetzungen" zu Herzls Absichten *„ganz grundlegend falsch und niemals zu realisieren"* seien.

„Dr. Wiener, von Oppeln": Dr. **Adolph** (Aron) **Wiener** (1812-1895). Er war in Posen Schüler von Akiwa Eger. Von 1835 bis 1839 studierte an der Berliner Universität. 1841 unterrichtete er in Posen. Er fällt bald als sog. „Neologe" auf und hat Schwierigkeiten mit den Gemeinden. 1868 nimmt er bereits an der Rabbiner-Synode in Kassel teil, die als radikal und ergebnislos galt. 1894 wurde er Mitglied des neu gegründeten „Reichsverband jüdischer Religionslehrer". Er verstarb im Jahr darauf. Der weit bekannte Reformrabbiner Dr. *Max Wiener* (1882-1950) war der Sohn des Lederwarenhändlers Isidor Wiener und Enkel von Adolph Wiener.

Der ins Ansbach geborene Justizrat Dr. **Gustav Josephsthal** (1831-1914), war von 1869 bis 1909 Vorsitzender der Nürnberger Gemeinde. In seiner Amtszeit wurde die weit überregional bekannte Synagoge am Hans-Sachs-Platz eingeweiht. Zu seinem 70. Geburtstag im September 1901 würdigte ihn auch „Der Israelit", der 30 Jahre zuvor noch alle Teilnehmer der Augsburger Synode öffentlich anprangerte und (größtenteils erfolgreich) bannte, in dieser Weise: „Justizrat Gustav Josephsthal, *Königlicher Geheimer Hofrat, der langjährige erste Vorstand unserer Gemeinde, feierte am 8. dieses Monats seinen 70. Geburtstag. Von der Beliebtheit und hohen Verehrung, deren sich der Jubilar in Stadt und Land und weit über deren Grenzen hinaus erfreut, legte dieser Tag beredtes Zeugnis ab. Freunde und Bekannte, Private und Korporationen, wetteiferten vom frühen Morgen an, um ihm ihre Glückwünsche darzubringen ... Sämtliche jüdischen Vereine gratulierten durch ihre Vertreter, die Anwaltskammer, deren Vorsitzender Gemeinrat Josephstal ist, war durch eine Abordnung von vier Mitgliedern vertreten, die städtischen Kollegien hatten schriftliche Glückwünsche gesandt, kurz Alles wetteiferte, den verdienten Mann zu ehren und zu feiern. Bewundernswert war die Frische und Kraft, mit welcher der Jubilar diesem Sturm von Glückwünschen, Ansprachen, Vorlesungen usw. Stand hielt, noch bewundernswerter die Lebhaftigkeit und Unermüdlichkeit, mit welcher er zu wiederholten Malen das Wort ergriff, um allen zu danken, die ihn zu ehren gekommen waren.*"

Dr. **Bernhard Wechsler** (1807-1874) stammte aus dem mittelfränkischen Schwabach und aus der Familie des Bettwarenhändlers David Wechsler. Von 1841-1874 war er Rabbiner in Oldenburg. Wechsler besuchte die Talmudschule in Fürth und studierte in Würzburg. Ordiniert wurde er durch Abraham Geiger. Nach einigen Lehreranstellungen in verschiedenen Dörfern wechselte er nach Oldenburg, wo Samson Raphael Hirsch seine Position aufgab. Auch sein bereits 1850 verstorbener jüngerer Bruder Abraham war Rabbiner. An der Augsburger Synode nahm Wechsler als Oldenburger Rabbiner teil. Er vertrat in der Reformdiskussion einen gemäßigten Standpunkt.

„Dr. Grünenbaum von Landau" = Rabbiner **Elias Grünebaum** (1807-1893), lernte ab 1823 in der Jeschiwa in Frankfurt und machte sein Abitur in Speyer. Danach studierte er in Bonn (wo er mit Samson Rafael Hirsch und mit Abraham Geiger befreundet war) u.a. Orientalistik und Philosophie und in München, wo er promovierte. 1834 bestand er in Bayreuth die Rabbinatsprüfung. Von 1837 bis zu seinem Tod war er 56 Jahre lang Rabbiner in Landau. Grünebaum verfasste zahlreiche Artikel zu philosophischen, religiösen und politischen Fragen. Er war mit Johanna Straß verheiratet mit der er 12 Kinder hatte.

Dr. Elias Grünebaum

Dr. **Julius Fürst**, 1826 Mannheim, 1899 Mannheim. Rabbiner und Hebraist, Sohn des Heidelberger Rabbiners Salomon Fürst (1799-1870). Julius besuchte in Heidelberg Schule und Universität und promovierte 1847 mit einer Arbeit über Spinoza. Im Jahr darauf erhielt er eine Anstellung als Lehrer in der Mannheimer Klaus. Nach weiteren Anstellungen wurde er Rabbiner in Bayreuth. 1871 nahm er an der Augsburger Synode teil und wurde hernach in Bayreuth entlassen. Es dauerte zwei Jahre, bis er wenigstens eine Anstellung als Lehrer in Mainz fand, konnte aber erst ab 1880 wieder als

Rabbiner in Mannheim arbeiten, wohl weil er dort früher schon als Lehrer in der Klaus tätig war.

 *„Dr. Vogelstein, Pilsen"*: **Heinemann Vogelstein** (1841-1911) war ein sog. *neologer* Rabbiner. Er studierte ab 1859 in Breslau, wo er 1865 mit einer Arbeit über Alexander den Großen promovierte. 1868 wurde er Rabbiner in Pilsen. Vogelstein gründete die Vereinigung liberaler Rabbiner, deren Vorsitzender er auch nach seinem Wechseln nach Stettin (1880) blieb. Vogelstein war ein scharfer Gegner der Zionismus und verfasste 1906 die Kampfschrift *„Der Zionismus, eine Gefahr für die gedeihliche Entwickelung des Judentums"*. Sein Sohn *Hermann Vogelstein* (1870-1942) war der führende liberale deutschsprachige Rabbiner bis zur NS-Zeit. Wie schon sein Vater war er *entschiedener Gegner des Zionismus* und vertrat als Rabbiner in Oppeln, Königsberg und Breslau zudem einen *deutschnationalen* Standpunkt. Zu seinem Freundeskreis gehörte u.a. der Chemiker Otto Hahn. 1938 konnte Hermann Vogelstein noch nach England entkommen, von dort kam er in die USA, wo er starb.

Dr. **Benjamin Höchstädter** (1809-1886) war Lehrer und Sohn des Lehrers David Höchstetter. Zur Schule ging er in Augsburg, wo der Kriegshaber Rabbiner Guggenheimer zu seinen Lehrern zählte. 1829 wurde er Hauslehrer in Gunzenhausen, wechselte dann nach Hürben (Krumbach) und studierte in München. 1833 wurde er Lehrer in Nassau, 1838 in Wiesbaden. 1843 promovierte er mit einer Arbeit über „Die messianische Prophezeiungen der Bibel". Im Jahr darauf wurde er Distriktrabbiner in Wiesbaden. 1851 wechselte er nach Bad Ems (zwischen Koblenz und Nassau). 1869 schloss er sich dem Israelitischen Lehrerseminar als Mitbegründer an. Selbiges vertrat er in Augsburger Rathaus. 1883 ging er in den Ruhestand und ließ sich in Frankfurt nieder, wo er 1888 verstarb.

Bonn, 16. Dezember. (Notizen.) In der Nacht vom 8. zum 9. December verschied in Frankfurt a. M. Dr. Benjamin Hochstaedter, emeritirter Bezirksrabbiner in Ems, im 79. Lebensjahre. Er war ein treuer und pflichteifriger Verwalter seines Amtes, voll Wohlwollens und thätiger Menschenliebe. Literarisch war er, wenn auch nur in kleinen Schriften, schon 1839 thätig. An den beiden Synoden zu Leipzig und Augsburg nahm er einen sehr regen Antheil. — Herr Ober-

Artikel in der "Allgemeinen Zeitung des Judentums" vom 20. Dezember 1888

Simon Tannenbaum (1790-1876), aus Bad Mergentheim, Sohn von Josef Tannenbaum (1759-1831) und seiner Frau Miriam, geb. Schwabacher. Er lernte in Frankfurt und lebte bei der Familie seines Vetters, dem späteren Journalisten und Kritiker Ludwig Börne (1786-1837). War von 1821 bis 1862 Schulmeister in Laupheim. Verheiratet war er mit Witwe Leni Löwental, geb. Reichenbach. In Augsburg war er, immerhin schon 80 Jahre alt, als bereits längst im Ruhestand befindlicher Lehrer angereist.

Dr. jur. **Ignaz Ortenau** aus Fürth war Notar wurde dort 1830 geboren und starb 1883 in München. Er war in Fürth einige Jahre Vorsitzender der jüdischen Gemeinde, später auch in München. Für seine Verdienste als Notar wurde er vom bayerischen König Ludwig II. zum *Ritter des St. Michaelsordens I. Klasse* ernannt.

Ortenau wurde 1862 als erster Jude zum ersten königlichen Notat in Bayern ernannt und gehörte auch in leitender Position der örtlichen Landwehr an. Viel Aufmerksamkeit erlangte seine Schrift über „Die rechtliche Stellung der Juden in Bayern". Die "Allgemeine Zeitung des Judentums" notierte bei seinem Nachruf: *„Mit Ortenau geht eine der edelsten Gestalten zu Grabe. Er hinterlässt eine ihm würdige, edelgesinnte Gattin, 2 Söhne und 1 Tochter, wovon ein Sohn Jus, der andere Medizin studiert. Möge das Andenken Ortenaus fortwirken, der Jugend zur Nachahmung, dem Vaterland zur Ehre, der Menschheit zum Gewinne!"*

Leopolt Kompert (1822-1886) war ein böhmischer Schriftsteller und Publizist und vor allem für seine Ghetto-Novellen bekannt geworden. Er war der Sohn eines Stoffhändlers aus Münchengrätz, machte sein Abitur aber in Prag, wo er ab 1838 auch Philosophie studierte und erste Beiträge für Zeitschriften schrieb. Er publizierte regelmäßig Geschichten und Artikel mit zunehmendem Erfolg. Zeitweilig war er auch als Hauslehrer tätig, u.a. im

Haus des preußischen Generalkonsuls. 1857 heiratete er Marie Pollak und wurde Angestellter der Österreichischen Kreditbank in Wien. Im selben Jahr verlieh ihm die Universität Jena die Ehrendoktorwürde. Ab Beginn der 1860er Jahre erlaubte ihn sein schriftstellerischer Erfolg als freier Autor leben zu können. 1863 kam es in Wien zum sog. „Kompert-Prozess", weil er im von ihm herausgegebenen „Jahrbuch für Israeliten" einen Artikel des Historikers Heinrich Graetz veröffentlichte, der behauptet hatte, dass der messianische Charakter auf das gesamte jüdische Volk übergegangen sei. Kompert wurde deswegen nun wegen „Gotteslästerung" verklagt, erfolglos. 1868 wurde zum Regierungsrat, zwei Jahre später zum Bezirksschulrat ernannt. 1871 nahm er als Mitglied des Vorstands der Wiener jüdischen Gemeinde an der Augsburger Synode teil. 1876 wurde er noch zum Landesschulrat ernannt. Damals sehr erfolgreich ist sein Werk heute vergessen.

Dr. med. **Jacob Dessauer** (1807-1873), praktischer Arzt und Vorstand der Israelitischen Kultusgemeinde von Bamberg. Dort auch seit 1864 Mitglied im Großdeutschen Verein. Dessauer war Cholesterin-Forscher. In Augsburg nahm Dr. med. Dessauer als Vertreter der Bamberger Gemeinde teil.

Widmungstafel in Bamberg

Rabbiner **Israel Wittelshöfer** (1809-1896) war der letzte Rabbiner in Floss/Oberpfalz. Er trat die Nachfolge seines Vaters Rabbi Moses Wittelshöfer an, der das Amt bereits seit 1813 innehatte und 1840 verstorben war.

*„Sekretär **Philipp Wertheim**, Berlin"* war als *Fischel Wertheim* 1819 im preußischen Städtchen Kempen bei *Posen* geboren, wo er nach Schule und Studium auch Gerichtsassessor wurde. Zu Beginn der 1850er Jahre übersiedelte er nach Berlin, wo er als Kaufmann ein Geschäft eröffnete (1857 Konkurs). Er heiratete Amalie die Schwester des Sanitätsrats Dr. Goldblum und bekam im selben Jahr seine Anstellung als Sekretär der jüdischen Gemeinde von Berlin. Als selbiger gab er sogleich auch erstmals den jährlichen Gemeindekalender heraus, in welchem verschiedene später prominente Schreiber mit Beiträgen zu Wort kamen. Im März 1871, etwas mehr als Vierteljahr vor der Augsburger Synode verstarb in Berlin Philipps Frau im jungen Alter von 42 Jahren. Noch zwanzig Jahre später findet man ihn im Verzeichnis des Hilfsvereins zur Unterstützung jüdischer Studierender in Berlin.

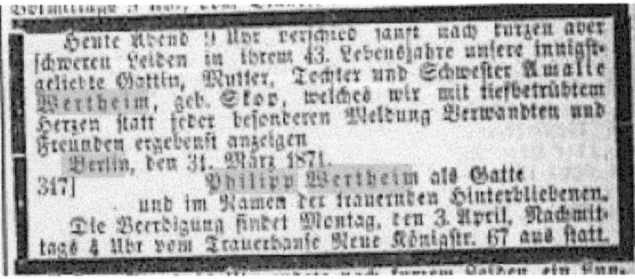

Inserat des trauernden Gatten in der Berliner „Nationalzeitung"

Dr. **Moses Dreifuß** (1806-1879) war Lehrer und nach dem Studium in Würzburg seit 1847 Rabbiner in Walldorf und Meiningen (Kreis Schmalkalden).

Dr. phil. **Jakob Auerbach** (1810-1887), 1836 Promotion an der Universität Tübingen. Hauslehrer in Wiesbaden und Wien, sodann von 1843-1879 Religionslehrer in Frankfurt am Main, ab 1848 auch Hebräisch-Unterricht am Städtischen Gymnasium. Mitglied der Freimaurerloge „Zur aufgehenden Morgenröte", da „Meister vom Stuhl" und Ehrenmeister. Dr. Auerbach verfasste Schriften zur Freimaurerei, zu Goethe, Schilling, übersetzte 1842 in Auszügen die „Sprüche der Väter" ins Deutsche, wobei er mehr darauf achtete, dass sich seine deutsche Übersetzung reimte. Verheiratet war er mit Sara Katz mit der er sechs Kinder hatte. Seine Tochter Pauline war mit Bertold, dem Sohn von Abraham Geiger verheiratet. Sein Sohn Justizrat Dr. Ernst Auerbach (1861-1926) hatte eine Kanzlei mit seinem Schwager Bertold Geiger und war Vorsitzender des Anwaltvereins, schließlich auch, wie bereits sein Vater Jakob im Vorstand der Frankfurter Gemeinde.

Dr. Jacob Auerbach um 1870

Als Redakteur aus Wien genannt ist „Szanto". Gemeint ist **Simon Szanto** (1819-1882) aus Groß-Kaniza (Nagykanisza), Ungarn. Sein Vater war Rabbiner Meir Szanto (gest. 1831). Verlor seine Eltern im Alter von 13 Jahren, wurde dann in auswärtigen Internaten erzogen und kam auf Umwegen zur Talmudschule des Aron Kornfeld ins mittelböhmische Jenikau (Jenikov). Von dort ging Szanto nach Prag und Pressburg, zum Studium der Philosophie und zum Erwerb eines Rabbinerdiploms. Mit diesem kam er 1845 nach Wien. Dort verfasste er in einfacher hebräischer Sprache einen Kommentar zu den Moses-Büchern und literarische Arbeiten zu „Judentum und Romantik".

1861 gab Szanto zusammen mit dem Schriftsteller *Leopolt Kompert* das Wochenmagazin „Neuzeit" heraus, um für die Standpunkte der jüdischen Reformbewegung zu werben. Unter dem Pseudonym „Pflüger" verfasste Szanto auch zahlreiche polemische Beiträge in allgemeinen Tageszeitungen, die oft gegen die „Borniertheit" der von ihm verachteten Orthodoxen gerichtet war. In der Regel leicht enttarnt ließ er sich dabei auf zahlreiche Leserbrief-Schlachten ein.

Seine Beiträge waren allgemein eher emotional und spekulativ als wissenschaftlich fundiert und orientierten sich oft an damals populären Auffassungen der sog. „Völkerpsychologie".

Verheiratet war er mit Katharina, geborene Schlesinger. Mit seiner Frau und seinem älteren Bruder Josef Szanto betrieb er um 1850 in der Wiener Leopoldstadt in der Mohrengasse 12 eine private Lehr- und Erziehungsanstalt für israelitische Mädchen mit fast hundert Zöglingen, die in vier Schulräumen unterweisen wurden.

Mit Josef Ritter von Wertheimer arbeitete er an der Herausgabe von dessen „Wiener Jahrbuch der Israeliten", dessen Redaktion er von 1865-1870 innehatte. 1869 wurde Simon Szanto, der nie eine Anstellung als Rabbiner bekam, seitens der Wiener Gemeinde zum Religionsschulinspektor ernannt. Nach der Synode in Leipzig nahm Simon Szanto auch an der zweiten Synode in Augsburg „lebhaft Anteil". Danach wurde es einige Jahre lang ruhig um ihn. Im Januar 1882 verstarb er und wurde am Wiener Zentralfriedhof beigesetzt.

Die Trauerreden hielten sein langjähriger Freund Rabbiner Dr. *Adolf Jellinek* (1820-1893), dessen Vorfahren im südböhmischen Dorf Drislawitz (Drslavice)[13] erst Ende des 18. Jahrhunderts mit der *gesamten Dorfgemeinschaft zum Judentum übergetreten* waren und der damals sehr bekannte Journalist und Reiseschriftsteller Johannes Nordmann (1820-1887) für den Schriftsteller- und Journalistenverband „Concordia", dem Szanto seit 1871 angehört hatte.

---

[13] Grenznah zwischen Budweis und Deggendorf gelegen.

Unter den Trauernden u.a. Simons Sohn der renommierte Althistoriker und Epigraph *Dr. Emil Szanto* (1857-1904).

„Pracher, Journalist München" erweist sich als **Emanuel Prager** (1818-1884), seit 1838 als Journalist in München tätig, u.a. für die „Neuesten Nachrichten". Schon sein erster Artikel soll sich bereits mit der „Emancipation der Juden" befasst haben, heißt es in einer Würdigung zu seinem 60. Geburtstag. Emanuel Prager war neben seiner journalistischen Tätigkeit auch Agent der in Frankfurt am Main ansässigen Feuerversicherung „Deutscher Phoenix" und war im Königlichen Landwehr-Jäger-Bataillon München, zunächst als Oberjäger, 1867 im Rang des Unterleutnants. Fast dreißig Jahre stand Prager zudem im Dienst der Verwaltung der israelischen Kultusgemeinde in München und galt als „gemäßigt-liberal".

1850 heiratete er die Privatierstochter *Philippine Wiesengrund*.

Die Augsburger Synode besuchte er als Mitglied der Verwaltung der jüdischen Gemeinde. Ober er über die Synode selbst einen Bericht veröffentlichte war nicht zu ermitteln.

1878 wurde Prager aber in einen Kriminalfall verwickelt, verursacht vielleicht durch journalistische Neugierde: Im Herbst des Vorjahrs (also 1877), so ein Bericht des „Ingolstädter Tagblatts" kam es im Oberbayrischen Schwurgericht in München zum Prozess gegen einen Burschen, der wegen zwei „schweren Bluttaten" angeklagt war, wozu sich nun „massenhaftes Publikum" zur Verhandlung „herandrängte". Beschuldigt war der 21jährige Bäckergeselle *Paul Limbrunner* aus dem bei Dingolfing gelegenen Kirchdorf Hackerskofen.

„Zu einer bei dem Zeitungskorrespondenten Emanuel Prager bediensteten Magd namens Faustina Schulz stand der Bursche in einem zärtlichen Verhältnis und wollte dem Mädchen am Abend des 3. Septembers in der Wohnung ihrer Dienstherrschaft[15] heimlich einen Besuch abstatten.

---

[14] Links: Münchner „Neueste Nachrichten", rechts: „Polizey-Anzeiger"

[15] Laut Münchner Adressbuch von 1877 wohnte „Prager Em. Journalist" damals in der Prannerstraße 23 im dritten Obergeschoss. Etwa zwischen Frauenkirche und Maximilianplatz.

Oberbayerisches Schwurgericht.

H **München,** 16. Febr. (19 Fall). Massenhaftes Publikum drängte sich zur Verhandlung des Burschen heran, welcher im Herbste vorigen Jahres durch zwei schwere Bluttaten die Stadt in gerechten Unwillen versetzte. Der so zu sagen mit einem Schlage zum Verbrecher ausgeartete Bursche ist der 21jährige Bäckergeselle Paul Limbrunner von Hackershofen, Landgerichts Dingolfing. Zu einer bei dem Zeitungscorrespondenten Emanuel Prager bediensteten Magd Namens Faustina Schulz stand der Bursche in einem zärtlichen Verhältnisse und wollte dem Mädchen am Abend des 3. Sept. v. Js. in der Wohnung ihrer Dienstherrschaft heimlich einen Besuch abstatten. Auf der Treppe wurde er aber von Emanuel Prager, dem Sattler Sedlmayer und dem im Hause wohnenden Gendarmerie-Wachtmeister Remlein angetroffen. Befragt, wer er sei und was er im Hause wolle, gab er entweder gar keine oder nur eine unverständliche Antwort und blies dem Sedlmayer sogar das Licht aus. Es ist bei solch verdächtigem Gebahren nicht zu verwundern, daß die befremdeten Leute nicht im Entferntesten an ein mißglücktes Liebesabenteuer dachten, sondern auf den Glauben geriethen, sie haben einen sicherheitsgefährlichen Gauner vor sich, der sich in's Haus einschlich und dergl. Wachtmeister Remlein faßte daher den Burschen am Kragen und beförderte ihn — wenn auch nicht sehr sanft — über die Stiege hinab. Schon hier zog der Bursche ein im Griffe feststehendes Messer, wehrte sich gegen Remlein, der im Civilanzuge war, nach Kräften und schnitt ihn alsdann in den Zeigefinger. Er konnte durch Remlein vor das Haus gedrängt werden, wo ihn ein Metzgergeselle zu Boden warf, auf den Kopf schlug, dann aber wieder losließ. Der Auftritt hatte natürlich sofort neugierige Leute angesammelt. Plötzlich sprang nun Lim-

„Plötzlich spring nun Limbrunner auf, hieb mit dem Messer wie wütend umher und brach sich Bahn durch die Umstehenden, wobei er den Banquier Sigmund Weil von hier in die Schulter stach. Alsdann stürzte er fort nach der Salvatorstraße, wo er dem Tischlermeister einen so gefährlichen Stich in die Brust versetzte, dass der Getroffene schon am Transport nach dem Spital verschied. Auch Herr Weil starb nach langem Leiden…"

Kopf schlug, dann aber wieder losließ. Der Auftritt hatte natürlich
sofort neugierige Leute angesammelt. Plötzlich sprang nun Limbrunner auf, hieb mit dem Messer wie wüthend umher und brach
sich Bahn durch die Umstehenden, wobei er den Banquier Sigmund
Weil von hier in die Schulter stach. Alsdann stürzte er fort nach
der Salvatorstraße, wo er einem Tischlermeister Albrecht einen so
gefährlichen Stich in die Brust versetzte, daß der Getroffene schon am
Transporte nach dem Spitale verschied. Auch Hr. Weil starb nach
langem Leiden trotz aller angewandten Hilfe an der erlittenen
Wunde. Limbrunner benimmt sich vor Gericht ziemlich keck, lächelte
hie und da auf Personen im Zuhörerraume und gab an, vor Trun-
kenheit sich an gar nichts mehr erinnern zu können. Im grellsten
Widerspruche mit dieser Angabe aber steht, daß er sich an die kleinsten
Nebenumstände genau erinnert und daß er damals, zur Polizei ge-
führt, lauter klare und richtige Antworten gab. Sein Vertheidiger,
Herr Ott, suchte die Anklage in längerer Rede zu entkräften. Die
Geschworenen nahmen mildernde Umstände an, worauf der Gerichts-
hof auf 7jährige Gefängnißstrafe erkannte.

Ingolstädter Tagblatt, Dienstag, 19. Februar 1878

Sigmund Weil (1838-1877) wohnte in der Prannerstraße 4. Er starb
Wochen später am 18. November. Seine aus Augsburg stammende
Frau Lea (Leonore) teilte das Ableben ihres Gatten im Alter von 39
Jahren in der „Augsburger Abendzeitung" mit.

Emanuel Prager starb am 22. August 1884 im Alter von 66 Jahren.
Er wurde am selben Friedhof wie Sigmund Weil beigesetzt.

Siegmund Hollaender (1827-?) aus Lobschütz (Schlesien), war Arzt, Dichter, Komponist, Historiker und mit Rena Danzinger verheiratet mit der er zehn Töchter und drei Söhne hatte: Gustav, Felix und Victor, die allesamt berühmt wurden als Musiker und Schriftsteller.

Moses Wassermann (1811-1892) war Sohn des Rabbiners Salomon Wassermann und Bertha Weißkopf, die Tante des Wallersteiner Rabbiners David Weißkopf. Moses wuchs in Laupheim und Ulm auf und besuchte die Talmudschule in Würzburg. Hernach studierte er an den Universitäten in Würzburg und Tübingen Philosophie. Nach der Staatprüfung wurde er 1834 Rabbiner in Mergentheim. 1837 wechselte er nach Mühringen, wo er nach seiner Teilnahme an der Synode in Augsburg entlassen wurde. 1873 wechselte er nach Stuttgart. Dort wurde er auch Mitglied der Oberkirchenbehörde des Königreichs Württemberg. Als Moses von Wassermann wurde er auch in den persönlichen Adelsstand erhoben. Wassermann war auch literarisch aktiv. Unter dem Pseudonym Orientalis etwa veröffentlichte er 1859 *„Das Mädchen von Chaibar, Roman aus dem Leben Muhameds"*.

Moses von Wassermann

Die Augsburger Gastgeber

Stadtoberhäupter sind in Augsburg seit 1287 verzeichnet, bis 1806 nannte man sie Stadtpfleger, dann bis 1907 Bürgermeister und seitdem eben Oberbürgermeister. Zur Zeit der Synode im Amt war **Ludwig von Fischer** (1832-1900), den Augsburgern am ehesten durch die ihm gewidmete Bürgermeister-Fischer-Straße geläufig. Geboren wurde Ludwig Fischer in Sulzbach als Sohn eines Anwalts, besuchte aber als Schüler bereits das Augsburger St. Stephan-Gymnasium, um hernach in München und Berlin Rechtswissenschaften zu studieren. Als er nach Augsburg zurückkehrt wird er Assistent am Landgericht Göggingen, dann beim Kreis- und Stadtgericht. 1862 wurde er zweiter Bürgermeister (nach Georg von Forndran), 1866 wurde er als Erster Bürgermeister gewählt und sogleich „auf Lebenszeit" ernannt. Er blieb dann immerhin 34 Jahre im Amt, länger als jeder andere in der Augsburger Geschichte seit 1287.

Rekord-OB Ludwig von Fischer

1863 wurde er für die Fortschrittspartei Mitglied des Bayerischen Landtags, wobei Fischer abwechselnd Immenstadt, Augsburg und Bayreuth vertrat. Fischer galt als Anhänger von Bismarck. Von 1871 bis 1900 gehörte er als Mitglied der Liberalen Reichspartei dem Deutschen Reichstages an, auch hier wieder territorial temporär für andere Gebiete: nach Augsburg, sodann eben auch Heidenheim und Bayreuth. In der heutigen Zeit wohl undenkbar.

Reichstags-Provisorium in der Porzellan-Manufaktur Leipziger Straße in Berlin

Der Vorsitzende der Israelitischen Kultusgemeinde war damals **Salomon Rosenbusch** (1825-1895). Er stammte aus Pfersee, wo er bereits der letzte Vorsitzende der altehrwürdigen Gemeinde war. Der Augsburger Gemeinde leitete er von 1867 bis 1878. Er folgte auf Carl von Obermayer, der die moderne Gemeinde 1853 gegründet hatte und ihr Vorsitzender war, als sie 1861 formell vom bayerischen König Ludwig II. als Israelitische Kultusgemeinde anerkannt wurde. Rosenbusch übernahm von Obermayer nicht nur das Amt, sondern auch das seit 1821 von dessen Familie bewohnte Palais an der Maximilianstraße, dass seit 1956 als Standesamt allgemein bekannt ist. Rosenbusch ist als Hopfen- und Getreidehändler, aber auch als Bankier verzeichnet.

Verheiratet war er mit Jeanette (Schenle), geb. Ochs (1827-1901). Ihr noch in Pfersee geborener Sohn, Dr. jur. Julius Rosenbusch war Justizrat und Anwalt, ging zum Studium der Rechtswissenschaften nach München und blieb dort bis zur Herrschaft der National-sozialisten. Um der der auch ihm bevorstehenden Deportation zu entgehen, wählte er am 16. Juni 1942 den Freitod.

Der Vorsitzende Salomon Rosenbusch, der auch gewählter Gemeindebevollmächtigter der Stadt Augsburg war (im heutigen Sprachgebrauch entspricht das einem *Stadtrat*) hatte die ehren-volle Aufgabe, die Synodalen im Goldenen Saal des Rathauses willkommen zu heißen, im Namen der israelitischen Gemeinde und im Dank an den Magistrat der Stadt, der den „herrlichen, denkwürdigen Saal" für die Dauer der kompletten Woche zur Verfügung gestellt hatte.

Rosenbusch schloss mit der Hoffnung, *„dass unsere Beratungen im Geiste der Eintracht und des wahren Fortschritts vor sich gehen, damit sie unsere Religion mit den Bedürfnissen der Zeit in Einklang bringen."*

Salomon Rosenbusch, 1881 (58 Jahre alt)

Max Obermayer (1824-1886) war der Enkel von Isaak, dem Bruder von Jakob Obermayer, der 1803 mit einem Großkredit für die bankrotte Reichstadt Augsburg deren Unabhängigkeit für weitere zwei Jahre sicherte und als Belohnung dafür zusammen mit seinem Partner Henle Ulmo das Recht zugestanden bekam, als erste Juden seit den 1440er Jahren wieder Hausbesitzer in Augsburg werden zu dürfen. Max' Vater war Johann Jakob Obermayer, der unweit des üppigen Domizils seines Neffen Isidor Obermayer (dem Vater von Carl) en eigenes stattliches Domizil erworben hatte. Wie sein Cousin Carl von Obermayer war auch Max Obermayer Konsul der Vereinigten Staaten von Amerika in Augsburg (von 1866-1873) und Mitglied der Augsburger Landwehr, anders als Carl freilich nicht deren Kommandant, aber doch immerhin Leutnant. Wie Carl war Max dann auch noch Mitglied im Naturhistorischen Verein und auch er brachte von seinen Auslandsreisen Naturalspenden mit, die in der Völkerkunde-Abteilung des Naturhistorischen Museums in Glasvitrinen ausgestellt wurden. Schließlich war Max auch noch Mitbegründer der Augsburger Sektion des Alpenvereins.

Argentinische Republik.
(Augsburg.) Max Obermayer, Consul.

— Max, kgl. Commerzien-Rath, Bankier und amerik. Consul. Maximilianstr. A. 22. (Firma: A. J. Obermayer.)

Das Consulat der Vereinigten Staaten von Nord-Amerika

in Augsburg

ist beauftragt, hiemit anzuzeigen, dass es alle Geschäfte und Anfragen, welche innerhalb seines Wirkungskreises liegen, erledigen wird.
Augsburg, März 1866. **Max Obermayer,** U. S. V. Consul.

Max Obermayer war mit Luise, geb. Kusel aus Karlsruhe verheiratet. Auch in diesem Punkt wanderte Max auf familiären Pfaden. Schon sein Vater Johann Jakob hatte Sarah Kusel zur Frau genommen und sein Onkel Isidor, Carls Vater war mit Nanette Kusel verheiratet. Alle Bräute stammten aus derselben Karlsruher Familie.

Zweiter Vorsitzender der Israelitischen Kultusgemeinde war der Bankier **Moritz Bauer**, 1840 in Buttenwiesen geboren und 1905 in Meran (auf Kur) an Lungenentzündung gestorben. Er war der Sohn von David Bauer (1806-1876), der im Augsburger Adressbuch als „Gutsbesitzer" verzeichnet und in der Annastraße D 25 wohnte. Nach seinem Tod wurde er auf dem jüdischen Friedhof (am) Hochfeld begraben. Sein Sohn Moritz war Bankier und wohnte am Königsplatz. In der jüdischen Gemeinde war er elf Jahre lang Stellvertreter von Salomon Rosenbusch, so auch 1871 im Jahr der Synode. 1878 trat er die Nachfolge von Rosenbusch an, blieb aber nur zwei Jahre im Amt, da er den Vorsitz des Wiener Bankvereins übernahm, eine der Großbanken im damaligen Habsburgerreich. Schon in Wien geboren wurde seine Tochter Adele (1881-1925), die 1899 den Zuckerfabrikanten Ferdinand Bloch heirate und durch die Gemälde von Gustav Klimt („die Goldene Adele", 1907) weltberühmt geworden. 2006 wurde es für 135 Millionen Dollar als damals teuerstes Bild der Welt verkauft. Dass Adeles Vater Vorsitzender der jüdischen Gemeinde in Augsburg war, ist hingegen weit weniger bekannt. 1880 folgte ihm sein Bruder, der Rechtsanwalt Ludwig Bauer (1850-1927) in das Amt des Gemeindevorsitzenden. Er behielt es 40 Jahre lang bis zu seiner Pensionierung im Jahr 1920. In Erinnerung blieb er durch die Organisation und den Bau der Synagoge in der Halderstraße am Königsplatz.

— Moritz, Banquier. Ecke des Königspl. u. b. Bahnhofstr. J. 22b

Moritz Bauer	Klimts „Goldene Adele"	Ludwig Bauer

Heinrich Landauer (1838-1917) stammte wie seine Eltern aus Hürben (Krumbach). Sein Vater Moses Samuel (1808-1893) begründete 1876 in Oberhausen bei Augsburg die mechanische Weberei M.S. Landauer,[16] später mit einer Filiale in Augsburg (Volkhartstraße 7, errichtet durch den Architekten Hörmann, heute bekannt als „Anwaltshaus"). Mit seinen Brüdern leitete er über Jahrzehnte die Firma. Er war zweimal verheiratet und Vater von sechs Kindern. *Fritz Landauer* (1883-1968), der Architekt der 1917 eingeweihten Augsburger Synagoge an der Halderstraße, war der Sohn von Heinrichs jüngstem Bruder Josef Landauer (1853-1929). 1871 war Heinrich Landauer mit 33 Jahren wahrscheinlich der mit Abstand jüngste Teilnehmer der Synode. Später gehörte er von 1893 bis 1902 dem Stadtrat als Gemeindebevollmächtigter an. Wegen seinen zahlreicher „Stiftungen für das Gemeinwohl" wurde ihm der Ehrentitel eines Kommerzienrates verliehen, 1909 schließlich auch noch die Goldene Verdienstmedaille der Stadt Augsburg.

---

[16] In der NS-Zeit „arisiert", in der Nachkriegszeit als „Elbeo" bekannt, heute durch einen Neubau der Landesversicherungsanstalt ersetzt.

Heinrich Landauer 1863

Heinrich Kohn (1798 Steppach, 1885 Augsburg) war der älteste Sohn von Naftali Hirsch Kohn aus Ichenhausen. Er besuchte die technische Gewerbeschule. Verheiratet war er mit Ester Levi (1810-8179) aus Hohenems. Das Paar hatte sechs Kinder. Mit seinem Bruder Hermann führte Heinrich die väterliche Tuchfabrik und Langwaren-Großhandlung der Familie in der Annastraße D 217 (heute Hausnummer 6: „New Yorker"). Die Firma wurde 1837 von Salomon Kohn als *Tuchmacherwerkstatt* gegründet. Genau 100 Jahre später, 1937 wurde der Betrieb „arisiert".

Adressbuch Augsburg, 1871

Kupferstich: Anna Gasse, Remshart um 1730, vorne links Haus 217

Der damalige Augsburger Rabbiner Dr. **Jakob Heinrich Hirschfeld** wurde 1819 in Šaštín (Schlossberg, in der heutigen Slowakei) geboren. Er war der Sohn eines Kaufmanns und studierte (ohne Abschluss) Chemie und Medizin in Wien, Prag und Pest, hernach „Theologie". Hirschfeld erwarb neben einer rabbinischen und musikalischen Ausbildung auch den akademischen Grad eines Dr. phil. und war zudem öfter als Journalist und Musiklehrer tätig. 1855 wurde er Rabbiner im Städtchen *Szenitz* (damals *ungarisch*), wo er *Pauline Ausch* heiratete. In Szenitz wurde am 4. Januar 1858 auch der älteste Sohn Viktor geboren, von dem noch die Rede sein wird. Bald darauf jedoch zog die Familie nach Fünfkirchen (Pécs), wo Jakob Hirschfeld eine weitere Anstellung erhielt und auch das Oberrabbinat des Bezirks *Baranya* (deutsch: *Branau*, jedoch nicht zu verwechseln mit Braunau *am Inn*) leitete. Hirschfeld kam 1863 auf Empfehlung des neologen Rabbiners und Predigers *Adolf Jellinek* nach Augsburg, wurde aber zunächst nicht als Rabbiner anerkannt.

Es gab eine seit 1851 anwachsende Gemeinde, die 1861 durch König Ludwig II. offiziell als Israelitische Kultusgemeinde anerkannt worden war. Obwohl viele neureich gewordene Honoratioren der Gemeinde eher auf die Wiener Oper als in den Talmud schauten, war es doch ein Makel, dass die Gemeinde keinen eigenen Rabbiner hatte. Seit der ständigen Wiederansiedlung von Juden in Augsburg im Jahr 1803 war man auf Rabbiner und Lehrer aus Pfersee und Kriegshaber angewiesen. Der letzte Rabbiner von Kriegshaber, Aharon Guggenheimer war aber bereits 1856 ins mährische Aussee abgewandert. Ein neuer Rabbiner sollte wohl her, aber nach Möglichkeit keiner der wie Guggenheimer Händler wutentbrannt dafür attackierte, weil sie am Schabbes auf der „Augsburger Dult" Geschäfte machen wollten. Andererseits sollte der Rabbiner nicht „zu" reformerisch sei, da fast alle Mitglieder der Augsburger Gemeinde aus dem näheren und weiteren ländlichen Umland stammten und wo nicht orthodox, so doch aber wenigstens traditionell geprägt waren. Sie mochten sich eher an eine Orgel gewöhnen als an eine Änderung im Ablauf der Gottesdienste. Hirschfeld schien insofern eine gute Wahl zu sein, aufgeschlossen für Neues aber nicht zu emsig darin, selbst Debatten anzustoßen.

Dr. Jakob Heinrich Hirschfeld (1866)

Hirschfeld Dr. Jakob, Distriktsrabbiner. Winterg. A. 13 b.

im Augsburger Adressbuch

Im „Israelit" dem Zentralorgan des „orthodoxen" Judentums vom 10. Februar 1864 bewarben die Neu-Augsburger deshalb auch noch ihre Dienste und Nebenverdienste:

„Eltern, die ihre Töchter an trefflichen Lehranstalten eine höhere Ausbildung angedeihen zu lassen und Augsburg wegen seines gesunden Klimas vorzuziehen geneigt sein dürften, erbietet sich eine Dame von höherem Stande und höherer Bildung Mädchen nach zurückgelegtem 7. Lebensjahre in ihrem Hause unter annehmbaren Bedingungen auf-zunehmen.
Nebst häuslichem Komfort und der Beaufsichtigung und Leitung der in Arbeiten der Institutions-Aufgaben von Seiten der Dame wird auf wahre Herzens- und Geistesbildung hingestrebt werden. Der Religionsunterricht wird so wie die öffentlichen Religionsschulen des Distrikts unter Über-wachung des Distriktrabbiners Dr. Hirschfeld stehen; auch kann gegen besondere Vergütung Klavier- und Singunterricht erteilt werden.

Reflektionen belieben sich zu wenden an Seine Hochwürden Herrn Distrikts-Rabbiner Dr. Hirschfeld in Augsburg"

In Hirschfelds Amtszeit wurde die *Synagoge in der Wintergasse* der Israelitischen Kultusgemeinde eingeweiht, die aus dem Umbau eines Wohnhauses hervorging, und ihres eigenen Friedhofs im damals noch unbebauten (heutigen Stadtteil) Hochfeld. Bis dahin mussten die Augsburger Juden ihre Verstorbenen am Friedhof der Gemeinde Kriegshaber (und vormals Pfersee) bestatten lassen.

Rabbiner Hirschfeld war bei der Begrüßungsrede des Vorsitzenden der gastgebenden Israelitischen Kultusgemeinde von Augsburg Salomon Rosenbusch als Vertreter der gastgebenden Delegation. Im Verlauf der einwöchigen Synode wurde aus dem Rabbiner der aber ein Paria, der von seiner Gemeinde entlassen wurde – und öffentlich in orthodoxen Zeitungen gebannt. Auch der „Israelit", in welchem er zu Beginn seiner Augsburger Zeit noch seine Dienste bewarb, rief dazu auf, ihn und die anderen Teilnehmer der Synode in jeder Weise auszugrenzen. Die genauen Abläufe sind etwas unverständlich, unstrittig ist aber das Zerwürfnis und die daraus gezogene Konsequenz. Mit der Synode endete seine Amtszeit.

Dr. Jakob Hirschfeld zog noch im Sommer 1871 nach München, wo er sich im Adressbuch des Folgejahres 1872 als „Literat" notiert findet, wohnhaft in der Klenzestraße 26, in der dritten Etage. In München versuchte er sich als Herausgeber des Blattes „Der Gesellschafter". Offenbar nicht sehr erfolgreich, versuchte er es Jahr darauf mit einer Zigarren- und Tabakhandlung. Der Laden war am „Einschütt" (am alten Stadtgraben, wo damals auch die ersten öffentlichen WCs in München öffneten), und somit definitiv nicht zu den ersten Geschäftsadressen der Stadt gehörte. Von dort zogen die Hirschfelds weiter zur Promenadstraße.

Adressbuch München 1873

Adressbuch München 1874

1874 zog er nach Wien, wo bereits Verwandte von ihm wohnen. Im Wiener Adressbuch des Jahres 1875 finden wir ihn als Dr. phil. Jakob Heinrich Hirschfeld und Redakteur der „Sonntags-Zeitung".

Hirschfeld schrieb nun auch für das Magazin „Die Hausfrau", eine frühe Frauenzeitschrift, die von seinem Sohn *Victor Leon* redigiert wurde. Von 1876 bis 1882 war er zusätzlich als Religionslehrer am Landstraßer Gymnasium im 3. Wiener Gemeindebezirk angestellt.

Abschluss eines Beitrags von Dr. J. H. Hirschfeld über *Dichtkunst* im wöchentlichen Beiblatt *„Der Damen-Salon, Organ für die gesamten Frauen-Interessen"* vom 22. September 1877.

Gemeinsam mit seiner Frau Pauline bot er über die Jahre hinweg auch Klavierunterricht.

Am 26. Januar 1897 starb Pauline gemäß der Todesanzeige um neun Uhr vormittags „nach kurzem Leiden". Als Unterzeichner finden sich ihr Ehemann J.H. Hirschfeld mit zwei Söhnen zwei Töchtern, einen Schwiegersohn, einer Schwiegertochter und einer Enkelin. Sie sind der Nachwelt freilich weit besser in Erinnerung geblieben.

Tieferschüttert geben die Unterzeichneten Nachricht von dem plötzlichen Ableben ihrer innigstgeliebten Gattin, bezw. Mutter, Schwieger- und Großmutter, der Frau

Pauline Hirschfeld,

die am 26. Januar, 0 Uhr Vormittags, nach kurzem Leiden sanft verschieden ist. 1500

Dr. J. H. Hirschfeld, als Gatte.
Victor Léon, Dr. Leo Hirschfeld, als Söhne.
Adele Schmidt geb. Hirschfeld, Eugenie Hirschfeld, als Töchter.
August Schmidt, als Schwiegersohn.
Ottilie Léon, als Schwiegertochter.
Lippi Léon, als Enkelin.

Um stilles Beileid wird gebeten.

Weit berühmter als ihre Eltern wurden Jakobs und Paulas Kinder, die freilich selten mit dem „Augsburger Rabbiner" in Verbindung gebracht werden. Dies gilt insbesondere für seinen am 4. Januar 1858 in Szenitz geborenen Sohn Viktor, der nach seinem Studium ab 1877 mit dem Pseudonym *Viktor Leon* auftrat.

(Victor Leon)

Als Texter schrieb er unter anderem die *Libretti* für mehr als 70 Opern, darunter Welterfolge wie „*Wiener Blut*" von Johann Strauß Jun. (Uraufführung 1899) oder „*Die lustige Witwe*" von Franz Lehar (Uraufführung 1905). Er war mit Ottilie Popper verheiratet. 1907 heiratete seine Tochter Elisabeth den Schauspieler und

Opernsänger Hubert Marischka, der u.a. durch Filme mit Hans Moser bekannt wurde. Bei der Geburt des Sohnes Franz 1918 starb die Mutter. Franz Marischka wurde in Österreich ein bekannter Filmregisseur.

Bei einer Vielzahl seiner Textarbeiten wurde Viktor von *Leon Feld* unterstützt. Unter diesem Pseudonym verbarg sich sein am 14. Februar 1869 in Augsburg geborener jüngerer Bruder Leopold Hirschfeld, der hauptsächlich aber als Übersetzer tätig war, u.a. für Werke von Charles Dickens. Leon Feld starb 1924 in Florenz. Das beide Brüder für ihre Karrieren Pseudonyme benutzten, kann mit der Bannung ihres Vaters zu tun haben, entsprach aber auch dem „Zeitgeist" reformierter Juden.

Ihre Schwester *Clara Eugenie Hirschfeld* (1869 – 1940) wurde als Pädagogin und Sozialreformerin bekannt und lebte in Pötzleinsdorf, wo sie als Mentorin viele Nachwuchsautoren wie Leonhardt Adelt, Felix Braun, Victor Fleischer um sich sammelte, die bei ihr erstmals den Mut fanden vor Kollegen etwas vorzutragen, usw.

Adele Hirschfeld heiratete (wohl nicht zufällig) den 1870 ebenfalls in Augsburg geborenen Komponisten und Musiker August Schmidt.

Der Auftakt der Synode

Als eine der Augsburger Zeitungen berichtete vor Ort das „Augsburger Anzeigeblatt" täglich umfangreich von der Synode, die bereits im Vorfeld ihre Leserschaft darauf einstimmte. Demnach tagte die Synode öffentlich und Interessierte konnten sich in der Synagoge in der Wintergasse Eintrittskarten besorgen.

Hier der Auftakt-Bericht des Blattes:

„Gestern Vormittag wurde im goldenem Saale des Rathauses die 2. Israelitische Synode eröffnet. Zu derselben hatten sich 50 Teilnehmer und Vertreter von Gemeinden aus allen Teilen des Reichs eingefunden.

Das Arrangement des Ganzen war gelungen. In großem Halbkreis umgaben die Teilnehmer, vor denen sich grün überzogene Pulte befanden, das auf erhöhtem Podium befindliche Präsidium, während zu beiden Seiten für die Stenographen und Zeitungsreporter Plätze reserviert waren. Unter letzteren war auch ein Korrespondent für den New Yorker „Herald" anwesend. Nach dem Absingen eines Chorals begrüßte Herr Banquier und Gemeindebevollmächtigter Salomon Rosenbusch die Synodalmitglieder mit folgender Ansprache:

„Hochverehrte Herren! Ich entledige mich der ehrenvollen Aufgabe, Sie im Namen der hiesigen israelitischen Gemeinde herzlichst zu begrüßen. Wir sind hocherfreut, dass Sie gekommen sind, um in unserer Stadt das edle Werk fortzusetzen, dass sie im Jahre 1869 in Leipzig in Angriff genommen haben. Es freut uns umso mehr, als wir durch das freundliche Entgegenkommen des hohen Magistrats in die angenehme Lage versetzt sind, diesen herrlichen, denkwürdigen Saal zu unseren Beratungen benützen zu können. Wir hoffen, dass unsere Beratungen im Geiste der Eintracht und des wahren Fortschritts vor sich gehen, damit sie unsere Religion mit den Bedürfnissen der Zeit in Einklang bringen. Ich gebe die Versicherung, dass der größere Teil unserer Gemeinde die Gesinnungen teilt, welche die Versammlung hegt. Ich heiße Sie nochmals herzlichst willkommen."

Mit der Leitung der Wahlgeschäfte des Präsidiums wurde Herr Rosenbusch betraut, der sich als Beisitzer die Herren Dr. Ortenau und Sekretär Wertheimer erbat. Zum Präsidenten wurde Herr Professor Dr. Lazarus aus Berlin, zu den beiden Vizepräsidenten die Herren Dr. Selzer aus Berlin und (nach Ablehnung des Herrn von Wertheimer) Herr Schriftsteller L. Kompert von Wien, die Herren Sekretär Wertheimer und Dr. Josephstal von Nürnberg und als deren Stellvertreter die Herren Dr. Ortenau aus Fürth und Moritz Bauer von hier gewählt, welche sämtlich unter Versicherung des Danks die Wahl annahmen. Nachdem Dr. Goldschmidt von Leipzig der Freude über die Wahl dieses Präsidiums Ausdruck gegeben hatte, ergriff Präsident Dr. Lazarus selbst das Wort, um mit einer eineinhalbstündigen nach Form und Inhalt gleich vorzüglichen Rede die eigentliche Synode einzuleiten.

Zuvörderst glaubte er dem Lokalkomitee für den freundlichen Empfang und dem hohen Rat der Stadt für die Überlassung des Saales danken zu sollen. Aber auch die junge aufblühende hiesige israelitische Gemeinde, die sich des Wohlwollens der Behörden und Gleichachtung Andersdenkender erfreue, möge stolz sein, dass bei ihr diese Reform-Synode tage und sie alle insgesamt seien stolz darauf, in den Rathäusern ihrer Mitmenschen zu sitzen, wodurch der Beweis geleifert sei, dass in geistiger Beziehung keine Scheidung sei und den Gaben des Geistes auch auf ihrer Seite Anerkennung gezollt werde. Sie als Juden hätten aber auch wohl ein gewisses Anrecht darauf und heute mehr als je, denn die jüngst vergangene Zeit habe gezeigt, dass sie nicht bloß mit Rat, sondern auch mit Tat beim Vaterland seien. Das eiserne Kreuz auf manch jüdischer Brust sei dessen ein beredter Beweis. Die jüngsten glorreichen Tage haben gezeigt, dass bei den Enkeln der Makkabäer das gleiche warme Herz schlage wie bei den Söhnen Herrmanns und dort wie hier gelte der Ruf: „Vorwärts mit Gott fürs Vaterland!" Das Vorwärtsstreben müsse aber wie in der allgemeinen Cultur, so auch in den eigensten jüdischen Angelegenheiten Richtschnur sein und er (der Redner) deute wohl die Meinung des hohen Stadtmagistrats nicht unrichtig, wenn er glaube, dass dieser ihnen diesen herrlichen Saal zu ihren Beratungen überlassen habe in dem Gefühl, dass die Versammlung vorwärts gehe und das wolle sie: vorwärts mit Gott!

Hierauf dankt der Redner für das Vertrauen, das ihm bei der Wahl seiner Person entgegengetragen worden sei, und erinnert an die Schwere des Amtes und die Bedeutsamkeit der Synode. Der Verlauf der Leipziger Synode bestärke aber in ihm das Vertrauen, dass auch diese eben so würdig und einträchtig und wolle Gott, auch segensreich sich gestalten wie eben jene. Gegenüber der bedauerlichen Lauheit von vielen Seiten in jüdischen Kreisen fehle es erfreulicher Weise auch nicht an Aufmunterungen, selbst seitens Andersdenkender, die oft ein besseres und klareres Verständnis für die Bestrebungen der Synode zeigen als viele Juden.

Redner ergingen sich sodann in einem schwungvollen Vortrag, den wir wegen des knappen Raumes halber nur skizzenhaft wiedergeben können, über das Wesen und den Geist, die in der Synode herrschen und die Mitglieder beseelen müssten. Die Religion sei das Herz, das immer schlagen muss. Höre dieses auf zu schlagen, so höre auch das Leben auf. „Mit unseren Herzen" so schloss der Redner seine oft vom Beifall unterbrochene zündende Rede, „lassen Sie uns beim Herzen des Volksgeistes sein, dann wird uns der göttliche Segen nicht fehlen!"

In einem weihevollen Gebet erflehte hierauf Herr Rabbiner Dr. Geiger diesen Segen Gottes auf die Synode, womit die erste Sitzung die bei sämtlichen, wenn auch nicht gerade besonders zahlreichen, so aber umso gewählter Anwesenden, darunter viele katholische Geistliche,[17] sicherlich einen sehr würdigen Eindruck hinterließ."

So endete der prominent platzierte und recht ausführliche Bericht des *Augsburger Anzeigblattes* über die Eröffnung der Synode im Goldenen Saal des Augsburger Rathauses vor 150 Jahren. Der lokale Schreiber vermittelt einen harmonischen, von Würde und Dankbarkeit geprägten Eindruck, ganz auf dem erhabenen Niveau des ersten Saals der Stadt.

---

[17] Unter ihnen befand sich wenigstens zeitweilig auch der kath. Priester *Ritter Joseph Franz von Allioli* (1793-1873), der bereits 1838 Domprobst in Augsburg wurde. Zuvor studierte er in Wien, Paris und Rom und wurde Mitglied der Bayerischen Akademie der Wissenschaft, des Bayerischen Landtags und war Rektor der Münchner Universität. Allioli war Autor einer sechsbändigen, mit päpstlicher Druckerlaubnis erschienenen Bibelübersetzung, die er mit sehr feindseligen *antijüdischen* Anmerkungen versah. Für etwa hundert Jahre, bis zur Mitte des 20. Jahrhunderts blieb die „Allioli-Bibel" die populärste katholische Bibelübersetzung. Sie hatte eine nachhaltige Wirkung auf Generationen von Schülern. Dr. Allioli wurde am Augsburger Hermann-Friedhof bestattet.
Siehe auch: *„Emancipation und Religion der Juden oder das Judenthum und seine Gegner, ein Sendschreiben an Herrn Professor Dr. Allioli, Landtagsabgeordneten und Domprobst in Augsburg von Dr. (Lazarus) Adler, Rabbiner in Kissingen*, gedruckt in Fürth 1850.

Die Eröffnungsrede des Präsidenten Lazarus

Rede bei der Eröffnung der 2. israelitischen Synode zu Augsburg
am 11. Juli 1871, gehalten von deren Präsidenten Prof. Dr. M. Lazarus.

Hochgeachtete, hochansehnliche Versammlung der Synode! Ehedem ich meinen eigenen Gefüh-len des Dankes gegen Sie für Ihre ehrenvolle Wahl Ausdruck gebe, lassen Sie mich Ihrer Ge-

sich innigen Zusammenlebens, sie erfreut sich hohen Wohlwollens von der ganzen Gemeinde der Stadt, von den hohen Behörden. Zeugniß dafür der Raum in welchem wir tagen. Wir be-

„Hochgeachtete, hochahnsehnliche Versammlung der Synode! Ehedem ich meinen eigenen Gefühlen des Dankes gegen Sie für Ihre ehrenvolle Wahl Ausdruck gebe, lassen Sie mich Ihrer Gefühle Dolmetscher sein, um Dank zu sagen den Herren, welche als Augsburger Localcomite alle Mühe darauf gewendet haben, die Synode nicht bloß hierher zu berufen, sondern sie zu empfangen, wie wir empfangen worden sind, - dem Comite der Gemeinde Augsburg, der Stadt Augsburg und ihrem hohen Rat, in dessen goldenen Saal wir tagen. Der ganze Schriftwechsel, welcher stattgefunden hat, von jenen Tagen, als wir nach wiedergekehrten Frieden des Vaterlandes daran denken durften, in diesem Jahr das Werk wieder aufzunehmen, welches im vorigen unterbrochen ward durch den hereinbrechenden Krieg – der ganze Schriftwechsel, der meist durch meine Hand gegangen ist, war so voll Herzlichkeit und Freundlichkeit, wie er nur überboten werden konnte durch die Tat des Empfangs, wie sie uns hier in Augsburg zu Teil geworden ist. Man fühlte den Herzschlag der Gemeinde, derjenigen Gemeinde, welche stolz darauf ist, eine Gemeinde des Fortschritts, eine Gemeinde des aufstrebenden Geistes, wie der aufstrebenden Zahl zu sein, glücklich dadurch, dass sie in vollständiger Jugendkraft sich befindet, dass sie den Namen einer Gemeinde noch kaum verdiente, heute eine blühende, eine große, eine Gemeinde, welche dadurch glücklich ist, dass sie sich glücklich schätzt, die Synode bei sich zu haben. Solcher Gemeinde wünschen wir Glück, weil sie des Glückwunsches kaum noch bedarf. Eine solche Gemeinde ist glücklich, nicht bloß in ihrem eigenen Bewusstsein, sondern in ihrem eigenen Sein. Und diese Gemeinde, das ist wohl begreiflich, findet sich wohl, behaglich, freundlich vereint mit der Stadt, in welcher sie lebt; sie erfreut innigen Zusammenlebens, sie erfreut sich hohen Wohlwollens von der ganzen Gemeinde der Stadt, von den hohen Behörden. Zeugnis dafür (ist) der Raum in welchem wir tagen. Wir begrüßen auch dieses Ereignis freudigen Herzens. Wir sagen aus voller und warmer Seele Dank *dem hohen Rat, dass er diese Stätte uns für unsere Beratungen bereitet hat. (Bravo!)*[18]

Wir Glaubensgenossen, wir Juden, sind immer stolz darauf, in den Rathäusern unserer Mitbürger im Vaterland zu sitzen, zu wissen, dass keine Scheidung von Geist zu Geist stattfindet, zu wissen, dass unsere geistigen Gaben, so viel die Vorsehung den Einzelnen verleiht ungetrennt bleiben an allen grünen Tischen, dass wo die Hoffnung auf Besserung stattfindet, man auch die Gaben des Geistes aus unserer Mitte fordert. Wir sind froh, sage ich, in den Rathäusern zu sitzen; wir dürfen das jetzt mit offenen Mut, mit besserem Gewissen noch, als je vorher in Deutschland sagen, denn wir haben in diesenm Jahr gezeigt und zeigen zu können uns glücklich geschätzt, dass wir nicht nur mit dem Rat, sondern auch mit der Tat beim Vaterland sind! (Bravo!)
Die Brust manchen jüdischen Soldaten ist durch die hohe Anerkennung des siegreichen Oberhauptes deutscher Nation mit dem eisernen Kreuz geschmückt – ein Zeichen und Zeugnis, dass den Enkeln der Makkabäer das gleiche Herz fürs Vaterland schlägt wie den Enkeln der Hermanne! (Bravo!)
Die lange Zurückgedrängten und lange Zurückgestellten, sie haben es ebenso verstanden, freudig und eilig mit voller Manneskraft dem Ruf zu folgen: Vorwärts mit Gott für König und Vaterland! (Bravo!)

Aber nicht blos in den Rathäusern, worin in legaler Form über öffentliches Wohl abgehandelt wird, sondenr auch in jenen stillen Kammern, wo der wahrhaft tiefste Rat für Menschenwohl gepflegt wird, da nämlich, wo der Geist arbeitet in der Form der Wissenschaft, in der Form der Dichtung, in der Form der Kunst, auch da geschieht es, dass die jüdischen Einwohner des Landes scih wohl fühlen; auch da geschieht es, dass sie, in der Tat auch Zurückgeblieben waren, - zurückgeblieben, nachdem im europäischen Abendland neue Blüte der Cultur emporgekommen war, - zurückgeblieben um etliche Jahrhunderte, das bekennen wir frei und offen, - froh sind, gehört zu haben auf den Ruf: Vorwärts!
Aber auch das genügt uns noch nicht; das ist nicht das Volle, das wir bloß in der politischen Tätigkeit, das ist nicht das Ganze, dass wir bloß in der

---

[18] meint entsprechende *Rufe* aus den Reihen der Versammelten.

geistigen Arbeit für die allgemeine Cultur verbündet sind mit den übrigen Bürgern des Vaterlandes, sondern dass wir in unseren Angelegenheiten, in denen, worin wir specifisch sind und specifisch bleiben wollen und bleiben müssen, wenn wir wahrhafte Treue bewahren, Treue uns und selbst, Treue den Ideen, in denen wir erzogen, von denen unser Herz erwärmt, unser Geist erleuchtet ist, Treue, die nicht und Nichts verleugnen mag – ich sage, dass wir für unser Eigenes, fürs Judentum als solches, für unsere großen jüdischen Angelegenheiten ebenfalls bei unsere Teilnahme finden. Können wir sie schöner finden, als hier im goldenen Saal von Augsburg? Ich glaube, die Meinung des hohen Rates richtig zu deuten, wenn ich annehme, er habe uns diese Wohnung dargeboten, um darin die Synodalversammlung abzuhalten, weil er vorausgesetzt hat, er werde auch dieser Versammlung Devise sein: Vorwärts! Aber vorwärts mit Gott! (Bravo!)

Und nun, hochgehrte Versammlung, in meinem eigenen Namen. Wie soll ich es aussprechen, was ich so tief empfinde, so hoch schätze, dass Sie nicht bloß von Neuem mit die hohe Ehre erwiesen haben, mich zu Ihrem ersten Präsidenten zu wählen, dass Sie auch in so freundlicher und wohlwollender Weise es vollbracht haben. Wer besser, als ich, könnte die Schwere des Amts fühlen, das ich nun schon einmal geführt habe, wer besser, als ich, erwöge die Fülle der Verpflichtung, die vollkommen zu zu erfüllen fast an die Unmöglichkeit grenzt! Das liegt nicht blos am Präsidialgeschäft allein, sondern das liegt daran weil das Geschäft der Synode ein so überaus schwieriges ist, ein Gegenstand, der fortwährend auf der feinen Linie zwischen Gesit und Herz sich bewegt, eine Sache, die überall eben so sehr von Gefühl ergriffen sein will, wie vom Gedanken. Eine solche Sache ist sehr schwer in Discussion zu bringen, eine solche Sache ist zu flüssig, um in die fest Form des Wortes sich so bald zu begeben. Und doch soll der Präsident wachen über die schwankende Natur des Wortes! Meine Herren! Ich brauche Ihnen kein Versprechen zu geben, wie es mein Wunsch und Wille ist, Ihre Versammlung zu leiten. Halten Sie sich daran, dass es mein ernstliches Bemühen ist, in derselben Weise fortzufahren, wie wir in Leipzig begonnen (haben). Dort hatte ich mich in einer ganz ausgezeichneten Weise der Unterstützung der Versammlung zu erfreuen, deren ich überall bedarf. Ich darf an solche Tatsachen erinnern, weil das für die Leitung der Geschäfte sehr charakterisitisch ist, dass es nicht ein einziges Mal bei schwankenden, sehr schwankenden Abstimmungen erfoderlich geworden sit, einen Namensaufruf vorzunehmen. Ich darf ferner daran erinenrn, um damit zu gleicher Zeit mein Versprechen, wie ich auch diesmal die Verhandlungen leiten möchte, auszudrücken, dass ich nicht ein einziges mal in sämtlichen Sitzungen, wenn Sie die Verhandlungen darauf ansehen wollen, von dem Recht des Präsidenten Gebrauch gemacht habe, vor dem Schlusse der Debatte ein Resüme zu geben. Ich durfte mich der eigenen Rede wohl enthalten, weil ein so hohes Maß von Aufmerksamkeit offenbar die versammlung belebte, weil ein so vertrauensvolles, friedliches Entgegenkommen im Aussprechen der verschiedenen Meinungen stattgefunden hatte, dass alles Einlenken oder Aufrufen, alles Zügeln oder Antreiben durchaus unnötg war. Mit derselben Zurückhaltung, und das brauche ich ja eohl nicht zu sagen, mit dem selben Streben nach Unparteilichkeit werde ich Ihre Versammlung leiten.

Nicht blos als der neue Präsident, sondern, und vielleicht vor allem, in meiner Eigenschaft als Präsident der vorigen Synode, als Vorsitzender der Berufungskommission, fahre ich damit fort, zunächst eine Art von Rückblick, auch eine Art von Rechenschaft, zu geben über die Beziehungen, welche zwischen dieser Synode und der vergangenen stattfinden.

Meine Herren! Ich leugne es nicht; ein Gefühl tiefer Wehmut beschleicht mich, indem cih auf Sie blicke, ein Gefühl tiefer Wehmut beschleicht mich, wenn ich zurückblicke auf die Stimmung, welche zu Lepizig gewaltet hat. Wir sind nicht mehr in der Lage in der wir zu Leipzig waren. Das will nicht viel sagen, meine Herren, dass die Anzahl der zur Synode Versammelten kleiner geworden ist. Es ist eine alte Überlieferung über den höchsten Wahlmodus in Israel, über die Wahl, welche die Vorsehung vorgenommen hat, um einem Volk das Glaubensleben vorzugsweise ins Herz zu legen: „Nicht wegen euerer Vielheit hat er euch erwählt";[19] nicht auf die Viehheit wahrlich kommt's uns an! (Bravo!)

Aber, meine Herren, in der Wiederkehr zur Synode, nachdem man einmal dort gewesen ist, zeigt sich die echte Zugehörigkeit zu ihr. In der Deputation der Vorsteher von Seiten der Gemeinde zur Synode zeigt sich ihre wahrhafte Teilnahme für dieselbe. Deshalb beklagen wir es, müssen es beklagen, dass nicht, wie wir damals, wenigstens viele von uns, meinten

---

[19] 5. Moses 7.7

hoffen zu dürfen, von Synodalversammlung zu Synodalversammlung müte die Zahl beträchtlich steigen ... ist nicht nicht gestiegen! Wer von Ihnen, meine Herren in Leipzig war, wir mir, glaube ich, beistimmen, dass die ganze Art, wie wir unser Denken und Beraten und Zusammensein angesehen haben, etwas festliches hatte, wie wenn wir zu einem Festtag zusammengekommen wären, und nicht zu einer Arbeit! Es war die paradiesische Unschuld, als ob da draußen alle nur darauf harren, welche Töne herausklingen werden aus dem paradiesischen Leipzig! Wir sind aus diesem Paradiese vertrieben. Meine Herren, wir haben gesehen, dass die Gemeinden nicht dazu jauchzen, was wir gesagt haben, nicht darauf harren, was wir sagen werden, sondenr gar arg nach dem der Propheten zeigt sich, dass „das Herz fett geworden ist und dumpf das Ohr und stumpf das Auge". Man hört nicht nach uns, man sieht nicht nach uns in dem Maße wie man sollte, weil das Herz, es nicht gefasst hat. (Bravo!)

Darum ist es nicht mehr die festliche Stimmung, aber die Arbeit, die uns ruft. Deshalb etwa die Hand in den Schoß zu legen, deshalb etwa keine zweite Synode zu halten, weil die Anmeldungen und Anregungen nicht in dem Maße kommen, weil die Gemeinden sich nicht so willig zeigen, als sie sollten? Im Gegenteil. Nicht mit der Freude geht's vielleicht, nicht mit dem Jubel, nun denn, dann mit der Arbeit!
Die zweite Synode hat vorzugsweise sich zu bewähren, dass sie es sich zur Aufgabe stellt, die Anerkennung zu erringen. (Bravo!)

Schwerer hat sie es als die erste, aber desto freudiger soll sie daran gehen. „Dienet dem Herrn mit Freude."
Es fehlt aber wahrlich auch nicht an Aufmunterung, die uns geworden ist; es verbietet sich aus mancherlei Rücksichten des Tactes, das ich Ihnen die Stimmen vorführe, welche uns von außerhalb des jüdischen Kreises übee die Synode zugekommen sind. Lesenswerte Worte, meine Herren! Zeugnisse eines ungemein tiefen Verständnisses, von dem was sich in Israel[20] vollzieht. Ist das etwa zu seltsam, ist hier etwas Unbegreifliches, dass uns von christlicher Seite Urteile über die Synodalverhandlungen zukommen, welche ein besseres Verständnis zeigen als wir selbst bei manchen von unseren gelehrten und ungelehrten Herren Journalisten

---

[20] Im *Volk Israel*, unter den Juden.

finden. Nei, es ist nicht unbegreiflich, denn darin hat es seinen Grund: es ist unleugbar, dass jetzt durch die Welt ein großer kräftiger Zug religiöser Bewegung geht, ein Zug, der desto größer und kräftiger ist, je gewaltigerdie Anspannungen der Kräfteauf beiden Seiten sind. Diejenigen nun die von dieser allgemeinen gesitigen Bewwegung der religiösen Ideen in unserer Zeit etwas begreifen, die begreifen sie auch in Bezug auf jede Religion; die aber nur auf ihren eigensten und kleinsten Kreis sehen, bei denen erfordert es eine viel tiefere Hingabe und eine viel genauere Kenntnis und eine viel hellere Erleuchtung dass sie das Wesen dieser Bewegung auch ur im eigensten Kriese verstehe.Mancher von uns kann besser die Bestrebungen, die Ziele, die Hoffnungen der Bewegungen in anderen Kirchen *wahrnehmen; wie auch umgekehrt wir deutlich offenbare Stimmen in ähnlicher Weise über die erste Synode in christlichen theologischen und nicht theologischen Werken gefunden haben die ein tiefes Verständnis bekunden.*

Es verbietet sich mir, Ihnen eine ganze Stelle vorzulesen, von einem Manne geschrieben, der in diesem Augenblick den ersten Rat seines Landes als Präsident leitet, der als Cultusminister seines Landes über 20 Jahre tätig gewesen ist, welcher eine lange Auseinandersetzung über diese Bewegung innerhalb des Judentums einletetet mit den Worten: „Wie hoch haben die Weisen Israels in diesen Tagen sich erhoben, usw." Aber nicht blos die Stimmen von außen her, in unser Mitte selbst haben wir vortreffliche Zeugen und Zeugnisse dessen, wie die Synodal-Verhandlungen gewirkt haben außerhalb des Kreises, der in Leipzig versammelt war. Die neuen Mitglieder, wwelche ich mit diesen Worten hier neu in der Synode begrüße, sie sind für das vollgültige, weil durch die Tat bewährte Zeugnis, dass sie der Meinung gewesen sind, es sei doch die Pflicht, vielleicht sogar doch ein Recht, vielleicht sogar es sei doch ein beglückendes Heil, zu eienr Versammlung zu gehen, von welcher man hofft, dass sie zum Heile des Judentums beraten und beschließen werde. (Sehr gut!)

Und auch an Gemeinden hat es nicht gefehlt; mein verehrter Herr Collge zur Rechten, unser 2. Vize-Präsident wird Ihnen berichten können, wie doch die Synodalversammlungen in Wien gewirkt haben.
Keinem von Ihnen dürfte die religöse Bewegung in der Wiener Gemeinde vom letzten jahre entgangen sein. Nicht als ob man auf die Autorität der

Synode als solcher absolut fußend, dort Veränderungen im Cultus hätte vornehmen wollen; aber es war doch erfreulich zu sehen, wi man die Synode als das betrachtete, was sie in Zukunft zu sein berufen und berechtigt ist; als den Schild des Vertrauens. Wo der Streit in der einzelnen Gemeinde ist, wo er meist auf wenige Köpfe, sagen wir es acuh auf wenig Zungen gestellt ist, da kommt es gar wesentlich darauf an, dass man hinweisen kann auf eine große aus vielen Gemeinden gekommene von vielen gelehrten und verehrten Männern beschickte Synode, von der man seine Meinung geholt hat. Das sit ja von jeher die Schwierigkeit jeder Reform innerhalb des Judentums gewesen und wird es noch lange hin bleiben, eine Schwierigkeit, die wir wenigstens durch biser bekannte Mittel nicht entfernen möchten, die Schwierigkeit nämlich, eine Autorität herzustellen. Alle Reform innerhalb des Judentums ist verpflichtet, die Gemüter zu gewinnen, die Gesinnungen zu sich herüber zu ziehen, die Überzeugungen zu pflanzen. Es gibt keine Autorität, Niemand darf sie haben wollen; denn von jeder kleinen Partei, welche etwa behauptet, es gebe eine absolute Autorität, nämlich die geschriebene – die geschriebene, welche man blos abzulesen brauche, um zu wissen was Judentum ist und was Judentum heißt – von dieser Partei reden wir hier nicht; denn dazu braucht man Nichts zu beraten, dazu braucht man auch Nichts zu sprechen, dazu darf man stumm sein, man braucht blos mit den Augen zu lesen was der Schulchan-Aruch[21] herunter bis zum Rema[22] und die noch Späteren gedruckt enthält.

Man liest es und man weiß Alles, Alles, Alles. (Bravo!)

Fast bei allen anderen religiösen Bewegungen, wenn man aus der Höhe vom Standpunkt großer historischer Untersuchung betrachtet, zeigt sich, dass die religiösen Kräfte von der einen oder anderen Seite sich in Verbindung gesetzt hatten mit der weltlichen Macht, dass weltliche, dass äußerliche Mittel angewendet wurden, um der Überzeugung, die man verbreiten will einigen Nachdruck geben können.

---

[21] שולחן ערוך "gedeckter Tisch", ein Rabbi Josef Karo (1488-1575) nach Themen geordnete für den Alltagsgebrauch gedachte Übersicht über Gebote, Verbote, Gebräuche und Regeln des Judentums.
[22] רמ"א = **R**abbi **M**oses **I**sserles (1525-1572), Kommentator zum Schulchan Aruch.

> *Ob man nun in früheren Jahrhunderten den Ketzer, in dessen Gehirn nun einmal eine neue verdammliche Überzeugung eingezogen ist, dadurch belehrt, dass man ihm mit Hülfe eines Scheiterhaufens das Gehirn ein wenig eintrocknet, oder ob man auf der anderen Seite Soldaten an den heiligen Ort schickt, um zu verhindern, dass eine Messe gelesen wird, überall ist es die weltliche, sinnliche, körperlich Gewalt, welche der geistigen Kraft zum Heil oder zum Unheil hinzugefügt wurde.*

Nun meine Herren! Nicht darauf allein, meine ich, kommt es an. Denn auch dort handelt es sich ja allemal darum, dass diejenigen, welche Gedanken verbreiten, Gesinnungen verändern wollten, dass sie, die Machthaber, wenigstens überzeugen und gewinnen müssen. Aber es ist für die Konzeption eines reformatorischen Gedankens, für seine Gestaltung, von allergrößter Wichtigkeit, wenn man weiß oder wenn man die Hoffnung hat, ihn auch mit Gewalt durchzuführen, wenn man weiß, dass Gewalt dazu helfen wird, die Schulen in seine Hand zu bekommen, wenn man weiß, dass Gewalt dazu kommen wird, um alle sonstigen Mittel, deren die Institute bedürfen, alle Lehrmittel, alle persönlichen Dienste, alles das in die Hand zu bekommen. Von alledem haben wir bei eienr jüdischen Reormbewegung gar nichts; wir sind nämlich darauf angewiesen, zur Überzeugung zu führen. Arbeiten wir darauf hin, meine Herren, hier in der Synode, dass diejenigen, welche unsere Gedanken annehmen wollen, durch die Gedanken selber gewonnen werden. (Bravo!)

Nun, meine Herren, viele von denen, die auf der vorigen Synode waren und heute nicht mehr wieder erschienen, bedauern wir, ich meine sie, wir bedauern sie, die nicht wieder gekommen sind. In den allermeisten Fällen – von diesen rede ich, ist es eine gewisse Mattherzigkeit, welche über die Leute kommt. Vollends, wenn sie glücklich gewesen sind, in der Synode einen Schritt vorwärts zu tun, so sind der Schritte, welche sie meinen rückwärts tun zu müssen, so viele, dass sie aus der Synode hinaus kommen; diese kommen natürlich nicht wieder. Aber auch das will ich nicht verhehlen, manche sind durch zureichende Gründe abgehalten, leider zum Teil durch Krankheit. Ich darf einen Mann nicht unerwähnt lassen, weil er brieflich ausdrücklich sein Ausbleiben entschuldigt hat. Herr Advocat Lehman aus Dresden, der seine hohe Teilnahme für die Verhandlungen der Synode noch nuerdings dadurch an den Tag gelegt hat, dass er in einer besonderen Broschüre die Referat besprochen hat. Er war deputiert von seiner Gemeinde neabst zwei anderen Herren. Andere kommen aus aus anderen Gründen nicht, er aber, weil ein rheumatisch-nervöses Leiden ihn fesselt. Ich glaube wir dürfen dankbar und anerkennend der tätigen und rührigen Teilnahme gedenken, mit welcher Advocat Lehmann sowohl auf der vorigen Synode und zur Vorbereitung dieser gewirkt hat. (Bravo!)

Freilich das Auge trübt soch noch mehr, ich vermisse in unserer Versammlung zwei Männer, bei denen wir nach ihrem Verhalten auf der ersten Synode und nach derselben mit Zuversicht hätten erwarten dürfen, dass wir sie hier wieder in unserer Mitte sehen: sie sind aus dem Leben geschieden: Herr Pofessor Munk aus Glogau und Herr Lehrer Steinhardt aus Meiningen. Wahrlich ich darf bloß die Namen nennen, um in Ihnen allen das Gefühl der Trauer zu erregen oder neu zu erwecken, das uns bei der Kund von ihrem Ableben nahe treten musste. Wir ehren ihr Andenken auch als Synode und ich bitte Sie, dies durch Aufstehen zu erkennen zu geben. (Die Versammlung erhebt sich.) *Wir ehren das Andenken dieser Männer, die uns doppelt teuer geworden sind.*

Meine Herren! Das Judentum kennt nach seinen ganzen Institutionen den scharfen Unterschied zwischen Geistlichen und Laien nicht, es gibt bei uns appropierte Lehrer und Verkünder der Wahrheit, aber eigentlich keine ordinierten Gesitlichen im engeren Sinne, und es gibt in Folge dessen keine Laien, aber den Unterschied zwischen Wissenden und Unwissenden, den Unterschied zwischen Gelehrten und Ungelehrten, zwischen Kenntnisreichen und Kenntnislosen kennen wir so gut, wie in irgendeiner Kirche. Wir leiden unter diesem Gegensatz so schwer, wie man unter irgend einer Form des Gegensatzes im religiösen Leben leiden kann. Vollends nun in den letzten Zeiten ist es leider selten geworden, dass sich religiöse Bildung, religiöse Teilnahme für das Judentum bei denen sich findet, welche auf anderen Gebieten der Wissenschaft Gelehrte sind. Aus dem Anfang des Jahrhunderts etwa stammend, allmählich glücklicherweise sich verlierend, zieht sich ein gewisser Gegensatz hindurch zwischen allgemeiner Bildung und religiöser Wärme für das Specifische des eigenen Glaubens. Diese Männer sind seltener geworden; wie selten sie geworden sind, konnten wir eben an der geringeren Anzahl der bei dieser Synode Anwesenden, d.h. derjenigen, welche keinen theologische Profession haben und doch

Gelehrte sind, sehen. Einer davon ist uns in Herrn Munk entrissen, so dass deshalb auch die Gemeinde Glogau nicht wieder vertreten sit. Das ist so hart und so herb, dass fast überall die Sache, die Teilnahme an der Synode, die Teilnahme überhaupt an den großen und öffentlichen Interessen auf zwei Augen – wir sagen besser, wie auf ein Herz gestellt ist. (Bravo!)

Eine andere große Gemeinde, aus deren Vorstand ein Mitglied in der vorigen Synode deputiert war, ist nicht vertreten, eben weil der Vorstand außer dem vorigen Gesandten, der nun wirklich verhindert ist, in der großen Gemeinde von vielen tausend Seelen keine zweite Person in der Gemeinde hat geglaubt finden zu können. Der Rabbiner selbst ist im Bade. Gewiss, meine Herren! Es mag mancher nötig haben für die Erhaltung seienr Gesundheit, dass er seinen Leib im Wasser badet. Mir scheint aber doch, dass eine Zeit kommen muss, wenn es besser werden soll, dass für einen Rabbiner es eine viel wichtigere Aufgabe ist, für diese acht Tage, die schon Monate vorher verkündet sind, dahin zu kommen, wo er seinen Geist wieder einmal badet, wo er wieder einmal Erfrischung und Erquickung für sein Gemüt sucht, wo ihm neue Kraft gegeben wird für sein eigenstes, für sein wahres, ich meine für sein Berufsleben. Denn das ist vorzugsweise die Aufgabe, wie mir scheint, gerade der Synode. Es sit gar nicht gleichgiltig, ob ein Rabbiner zur Synode kommt, von Jahr zu Jahr, so oft sie sich eben versammelt, oder ob er zurückbleibt. Die Aufgabe der Synode ist es, im Zusammensein der Männer Ihnen nicht bloß neue Beschlüsse Schwarz auf Weiß mit nach Hause zu geben, sondenr neue Kraft, neues Leben, und nicht bloß neue Gedanken, sondern neuen Mut sollen Sie mit nach Hause nehmen. (Bravo!)
Denn der Mut ist es, der den Herren fehlt; ich muss nochmal wiederholen: Mattherzig sind sie geworden, ihrer eigenen Überzeugung zu folgen. Nun bendenken Sie, meine Herren – es ist ja so natürlich – sprechen wir von menschlichen Dingen menschlich: Zu Hause in der Gemeinde, da gibt es so viele Rücksichten, so viele kleine Verhältnisse, welche verhindern, irgend einen Gedanken, den man selber vielleicht sogar gefasst hat, auch durchzuführen: das Leben in der Gemeinde, der Verkehr mit allen einzelnen Mitgliedern, ihren Beziehungen, den kleineren oder größeren Streitigkeiten in den legislativen Versammlungen, Alles dieses drückt und erniedrigt allmählich die Frische des Willens, die Kraft der Tat in den Herren. Hier, wo es sich blos um das Große und Gnaze, wo es sich um

Gedanken handelt, die gefasst werden sollen, wo Alles aus denjenigen Gesichtspunkten betrachten wird, die weit erhaben sind über die kleinen Gegensätze innerhalb der Gemeinde, hier sollen wir den Mut schöpfen und zurückkehren mit erfrischter Kraft, alles Kleine und Kleinliche, alles Gewohnte und alles Gewöhnliche, „im wesenlosen Scheine" liege es hinter uns, wenn wir hier das Allgemeine der Gedanken in Beratung ziehen. (Bravo!)

In der Tat, es war meine Meinung, als ich die Stimmung der hohen Versammlung in Leipzig gesehen hatte, es wäre die Synode dazu berufen, dass die Männer sich von Zeit zu Zeit versammeln, auch wenn etwa keine dringenden, notwendigen Fragen zu beantworten wären, auch wenn nicht gerade Probleme in der Luft schweben, die der Lösung harren, sonderr bloß, dass die Männer bei einander erscheinen, dass sie an der Stelle, wo sie sich erheben üer das Gewöhnliche, dass sie erscheinen auf jenem ausgezichneten Berge (Har Zion), dass eine Art von Wallfahrt in neuerer Zeit und neuerem Geist sich bilde; dass man zur Synode komme, um dort von Neuem das Fest der Angehörigkeit, der Einheit und Einigung im Geiste zu feiern. Wahrlich die Synode sollte ein solches Zion sein, ein solcher ausgezeichneter Ort, zu dem man wallfahrtet, um frisch und lebendig und freudig wieder zu empfinden, dass man hier an der Stätte wahrhaftiger gesitiger Vereinigung sich zusammen finden kann. (Bravo!)

Aber freilich, die Gemeinden verlangen und auch viel von den Herren, die Beratung, die Verhandlungen müssten praktisch sein. Nun ja, was heißt „praktisch"? Meine Herren! In allen Dingen und in religiösen zumiest – je idealer, desto praktischer. Wer Getreide auf seinen Boden hat es recht praktisch verwerten will, der wird Mehl draus machne und Brot backen, das ist gewiss sehr praktisch. Vergleiche damit: Wenn ich das Korn in die Erde lege und bis ins nächste Jahr auf Wachstum warte, das ist doch unpraktisch. Meine Herren! Wer so praktisch ist, der hat eben keine Ernte im nächsten Jahr zu erwarten. Die Synode hat nicht bloß für das tägliche Brot der kleinen brennenden Fragen, sondern für das wirkliche und wahrhafte Wachstum der Ideen im Judentum – zu sorgen, die künftig aufgehen sollen. Aber freilich, wer all sein Korn nur in die Erde legte, damit es wachse und sich nur auf die Zukunft verließe, könnte darüber verhungern, er hätte kein Brot zu essen. Daher handelt es sich darum dass wir weise und wohl bedenken, wie wir teils für die Gegenwart denken, für die sie arbeiten, aber immer auch darauf bedacht seien, dass nicht bloß kleine Modificationen, kleine Einrichtungen hier und dort, sondenr dass große Gedanken aufgepflanzt werden, nicht hoch genug können wir uns das Ziel stecken. Es handelt sich darum, dass immer kleine Reformen durchgeführt werden, auf jeder Synode vollends eben gewissen, ganz bestimmte Einrichtugnen modificiert, bestimmte vereinzelte Formen, bestimmte Überlieferungen abgestellt werden. Aber „welcher Pflüger pflügt jeglichen Tags, um zu säen, lockert wieder auf und glättet seinen Boden." (Jesaias 28.24)[23] Aber wenn wir nicht eben blos für das Kleine sorgen, wenn wir nicht fortwährend blos an den Tag denken, sondern and as, was groß und heilig gehalten werde, dann ahben wir allerdings auch zu hoffen, dass die Gemeinde uns besser folgt. Dies ist der gewöhnliche Ausdruck auch für das Praktische, dass es opportun sei, dass man bereits weiß, die Gemeinde werde es auch annehmen.

Allein das, wovon man bereits weiß, dass es die Gemeinde annehme werde, braucht die Synode nicht erst zu lehren, die Aufgabe der Synode ist es eben, lehrend mit ihren Gedanken den Gemeinden voranzugehen.

Wir bewegen uns sonst in dem übelsten Zirkel, den es nur gibt, dass wir von der Gemeinde erwarten, sie werde die Reformen annehmen und dann wollen wir sie vorschlagen, und dass usnere Vorschläge doch das sind, was die Gemeinden belehren soll.

Auf eines, meine Heren, kommt es nur an, dass die Herren von der Synode ohne Rücksicht darauf, wie die anderen davon denken werden, selber sich klar sind über den Gedanken; dass sicher, fast, bestimmt ihre Überzeugung formulieren, jeder in seinem Herzen. Dann ist zu erwarten, dass die anderen wohl nachfolgen werden, und wenn es nicht jetzt geschieht, so wird es später sein: „Wenn nur die Lippen des Priesters die Erkenntnis bewahren, dann wird man die Belehrung schon von seinem Munde suchen." (Maleachi 2,7)

In diesem Sinne, meine Herren und in diesem Geiste bitte ich Sie, während dieser Synode die Verhandlungen zu führen. Was ich für meine Person tun kann, habe ich Ihnen bereits gesagt, es ist nicht viel.

---

[23] In dieser Schreibweise im Script.

Bedenken Sie meine Herren, es handelt sich um Großes und Bedeutsames. Jedes Wort, das hier gesprochen wird, fällt schwer in die Wagschale, vielleicht nicht für jeden, vielleicht auch nicht sogleich, wünschen aber und hoffen müssen wir immer, dass unsere Worte nicht verhallen.

Ich muss noch einmal gegen die Anklage mich aussprechen, wir seien unpraktisch, oder gar, wir hätten keine Competenz, die Fragen lägen nicht vor, wir wären es nicht, die darüber zu entscheiden hätten, und wenn wir nicht genaue Decisionen bringen über die einzelnen Fälle, dann habe die Synode nichts getan. Ich erinnere Sie daran, meine Herren, heute nach zwei- und dritthalbtausend Jahren, wo die Gegenstände um derenwillen geredet ward, längst vergessen sind; noch mehr, wo wir genau wissen, dass der Rat, den die Propheten gegeben haben, nicht befolgt worden ist, wo es sehr unpraktisch erscheint, was die Propheten Isaias oder Jeremais geredet haben: heute noch hängen wir an der Propheten Mund; eine ganze Welt, nicht blos die jüdische, schöpft Erhebung des Gedankens und des Gemütes aus jenen Propheten, um der Reden willen, die sie gehalten haben. Wir werden das Wort nicht geringschätzen, wenn es nur von diesem Geiste beseelt ist, von diesem prohetischen Geiste.

Denken wir daran, meine Herren, dass Nichts hier gedacht und Nichts geprochen wird, das wir uns schämen würden auszusprechen, wenn Männer, die vor dritthalbtausend Jahren gelebt, in unserer Nähe wären, wenn der Blick des Jesaias und Jerremias oder Amos und Micha auf uns ruhen würde; denken wir daran, dass wir nichts sagen, was niedriger steht (was niedriger geworden sit im Laufe der letzten Jahrhunderte), als das prophetische Judentum.

O dass ich mit Prophetenzunge reden könnte, dass sie alle hörten und reden lernten in der gleichen Weise, dass die geringe Schaar zu Sendboten würde für ganz Israel, auf dass der alte prophetische geist, der Geist des innerlichen und wahrhaft religiösen Lebens im Gegensatz zu aller Äußerlichkeit und Kleinlichkeit wieder aufgerichtet wäre!

Meine Herren! Es ist eine große Sache, um die es sich handelt, esist eine Sache, die für uns die eigene, aber für jedes Volk die gleiche ist.

Meine Herren! Das Herz ist ein ganz besonderer Muskel, alle anderen Muskeln beinahne wechseln ab, sie sind tätig und dann ruhen sie wieder; das Herz allein uss immer schlagen, es muss immer tätig sein, ... und so das Herz seine Arbeit einen Moment unterlässt, so ist auch das Leben zu Ende.

Meine Herren! Die Religion ist das Herz des öffentlichen Geistes (Bravo) und unaufhörlich muss dieses Herz auch shclagen, wenn nicht der Stillstand des Lebens herbeigeführt werden soll. Mit unserem Herzen lassen Sie uns bei dem Herzen des Volksgeistes sein, dann wird göttlicher Segen unserem Herzschlag nicht fehlen.

(Anhaltender lebhafter Beifall)

Das Medien-Echo

Ganz anders war freilich die Perspektive des traditionellen Judentums, die nun allerdings mit einem griechisch-christlichen Begriff umschriebene „Orthodoxie"[24].

„Der Israelit", das in Mainz wöchentlich erschiene publizistische „Zentral-Organ des Orthodoxen Judentums" von Rabbiner Dr. Marcus (Meir) Lehman widmete der Augsburger Synode schon im Vorfeld eine erhebliche Aufmerksamkeit.

Bereits zu Jahresbeginn 1871 wurden nahm das Magazin die Entwicklungen in der Wiener zum Anlass, um unmissverständlich Stellung zu beziehen, was schon von den Reformen der ersten, der Leipziger Synode zu halten war. Von den Schilderungen des Prof. Lazarus, dem Vorsitzenden der Leipziger wie Augsburger Synode kann die Wahrnehmung und Schilderung kaum weiter entfernt gedacht werden:

„Die Leipziger Synode beginnt ihre Früchte zu tragen: Verwirrung, Zerstörung, Sünde und Verfall zu mehren, und sonst friedliche Gemeinden in zwei feindliche Lager zu spalten. Wie in der der Makkabäer-Zeit vorangegangenen Periode der Hellenisten die Reichen und Vornehmen sich von der alten, heiligen Sitte Israels lossagten, um den Gewohnheiten der herrschenden Griechen sich (anzupassen), also sehen wir in unseren Tagen vielfach die Reichen in der Mitte unseres Volkes, wie sie, den Gott unserer Väter und Seine heilige Tora vergessend, den verderblichsten Einfluss auf die große Menge zu üben bestrebt sind."

---

[24] Zuvor begrifflich vor allem durch die (meist slawischen) Orthodoxen Kirchen (Süd-)Osteuropas gebräuchlich, mit denen das toratreue Judentum freilich auch nichts gemeinsam hat.

In der Woche *vor Beginn* der Synode in Augsburg stimmte „Der Israelit" seine traditionelle Leserschaft mit einem Leitartikel ein auf die einwöchige Tagung und was von selbiger zu erwarten war und lässt dabei nochmal die Vorgeschichte Revue passieren.

XIII. Jahrgang.   № 11.

Der Israelit.

Ein

Central-Organ für das orthodoxe Judenthum.

Herausgegeben von
Dr. Lehmann in Mainz.

„Einige Worte des Aufschlusses über die beabsichtigte, sog. „Israelitische Synode" zu Augsburg ..."

(von einem Freunde der Wahrheit)[25] (5. Juli 1871)

In nächster Zeit wird eine Anzahl wirklicher und nomineller Rabbiner, Lehrer und Privatleute, die sich den wohlklingenden Namen „israelitische Synode" beilegen, in der Metropole Schwabens versammeln und Beschlüsse über verschiedene religiöse Angelegenheiten des Judentums verfassen. Praktischen Erfolg werden diese Beschlüsse der Versammlung ebenso wenig haben, als die ihrer Vorgängerin zu Leipzig und anderer ähnlicher Versammlungen. Für diejenigen, welche dem Entwicklungs-gange des Judentums in den vier vergangenen Jahrzehnten gefolgt sind, ist es daher unnötig, ein Wort über diese Versammlung zu verlieren.

---

[25] Der Artikel wurde sogar als Aufsatz gedruckt und reichsweit in jüdischen Gemeinden verteilt. Zugleich ist es wohl aber auch eine Art humoriger Anspielung auf das Magazin „Die Wahrheit", welches ebenfalls von der Synode berichten sollte.

Dagegen dürfte es für manchen, der diesen Entwicklungen nicht folgen konnte, sowie für außerjüdische Kreise, von Interesse sein, durch einige Worte über das Wesen und Streben dieser Versammlung aufgeklärt zu werden. Und das Wesen der Dinge wird oft am besten aus ihrer Entstehungsgeschichte erkannt. Darum heben wir zuerst hervor, dass die Synode keine ganz neue Erscheinung ist. Sie ist unter anderem Namen schon einmal dagewesen. Ein Mitglied derselben – ein ehemaliger Rabbiner – bedurfte seinerzeit, um die Existenz eines von ihm redigierten jüdischen Wochenblatts zu fristen, eine vermehrte Abonnentenzahl. Da kam er auf den für diesen Zweck nicht üblen Einfall, ein Effektstück ersten Ranges auf die Bretter zu bringen, damit durch die Berichte darüber neue Leser angelockt werden. Weil es nun immer Leute gibt, die ihren Namen und noch lieber ihre Reden gern in den Zeitungen lesen, so fanden sich auch etliche und zwanzig Mitspieler und Statisten. „Willkommen" waren „alle Gäste", wenn sie nur offiziell sich „Rabbiner" nennen konnten. Wem aber dieser Titel fehlte, dem half weder Gelehrsamkeit noch Frömmigkeit. Man verschloss ihm unbarmherzig die „Heiligen Hallen" zu Braunschweig, worin die erste „Rabbinerversammlung" aufgeführt wurde. Später folgten zwei weitere solcher Zusammenkünfte in Frankfurt und Breslau – das Publikum hatte sie zu Tode gelacht.

War es nicht lächerlich, dass vielleicht zwei Prozent der deutschen Rabbiner sich anmaßten, aus eigener Machtvollkommenheit ein neues Judentum zu dekretieren! War es nicht lächerlich, dass diese Versammlung ihr angemaßtes Gesetzhandwerk auch da noch fortzusetzen suchte, als nicht nur viele Gemeinden sich dagegen verwahrten, sondern auch eine wenigstens sechsmal stärkere Anzahl wirklicher, frommer und gelehrter Rabbiner laut, wohl-begründet und feierlich gegen diese Anmaßung einen Protest erlassen hatte.

Doch es war nicht die Lächerlichkeit allein, welche der Rabbinerversammlung nach kurzem und kümmerlichem Dasein ihr baldiges Ende bereitete. Das schrankenlos hierarchische Streben, welches sich in der Ausschließung aller nicht angestellten Rabbiner, ohne Rücksicht auf anderweitige moralische und wissenschaftliche Befähigung, bekundete, hatte den Gemeinden längst die Augen geöffnet, als man auch aus anderen Erscheinungen die selbstsüchtigen Motive der Teilnehmer erkannte. Die Braun-schweiger Versammlung war nämlich so undankbar gewesen, einen anderen Präsidenten zu wählen, als den welcher ihr das Dasein gegeben hatte. Das veranlasste selbigen, eine vernichtende Kritik über die Versammlung und ihren Präsidenten zu schreiben. Doch jener und noch andere schrieben auch und so entstand eine, bezüglich gegenseitiger Schmähungen wahrhaft klassische Broschüren-Literatur. Übrigens entlarvte sich der Egoismus der Hochwürden noch besser in einer anderen Weise. Es war hauptsächlich die von den Herren sog. Kultusfrage, über welche sie vielfach debattiert und beschlossen hatten. Aber obwohl man sich verpflichtet hatte, die Beschlüsse der Versammlung strikt durchzuführen, so verfasste hintennach doch fast jeder Teilnehmer für seine Gemeinde ein eigenes Gebetbuch, weil er auf den wohlfeilen Ruhm, einige Zeilen des altehrwürdigen traditionellen Gebetbuches gestrichen und etliche Lieder von Flemming und Gerhard für die Synagoge bearbeitet zu haben, nicht verzichten konnte.[26]

Das war die Rabbinerversammlung. Wir haben bei ihr etwas länger verweilt, weil ihre Naturgeschichte auch die der Synode ist, weil die Synode ganz dieselbe ist. Gut, nicht ganz dieselbe, aber der vom Tode heraufbeschworene Schatten derselben – der Schatten eines Schattens. Zur Zeit der Rabbinerversammlung war das gesetzes-treue Judentum noch weniger organisiert, die Typen seiner Presse waren kaum gegossen; oberflächliche Leute konnten seine Widerstandsfähigkeit unterschätzen. Auf Seiten der Neologie gab es noch manchen, der naiv genug war, an die Möglichkeit und Notwendigkeit einer durch die Rabbiner bewirkten Reform zu glauben. Heutzutage ist das alles anders. Das gesetzestreue Judentum ist erstarkt und schafft allenthalben lebensfähige Institutionen, seine Presse hat die der Neologie längst überflügelt, und in dem Bewusstsein seiner Kraft findet es sich nicht einmal veranlasst, gegen die Synode auch nur zu protestieren. Andererseits ist der Gedanke, durch die

---

[26] *Paul Fleming* (1609-1640) war ein protestantischer Pfarrersohn, Komponist und Dichter christlicher Lyrik in lateinischer und deutscher Sprache. Zu seinen bekannten Werken gehört die Sammlung *„Klagegedichte über das unschuldigste Leiden und Tod unseres Erlösers Jesu Christi"* (1632). Auch *Paul Gerhardt* (1607-1676) war evangelisch-lutherischer Geistlicher und gilt als bedeutender Verfasser deutscher Kirchenlieder.

Rabbiner eine Reform durchzuführen, von den Reformern, soweit sie selbst nicht Rabbiner sind, längst als Torheit erkannt. Gemeinden und Private dieser Richtung sind den Rabbinern längst über den Kopf gewachsen. Jeder sieht ein, dass ein Rabbiner nur das Positive lehren kann, weicht er davon ab, maßt er sich die Macht zu binden und zu lösen an, so hört er auf, Rabbiner in Sinne des Wortes zu sein und wird ein Sektierer. Wer in seinem Gewissen sich einig fühlt mit der Religion seiner Väter, der will sich unverkürzt und unverwehrt erhalten wissen. Wem aber diese Über-einstimmung mit seiner ererbten Religion fehlt, der unterzöge sich wahrlich unnötig einer großen Unbequemlichkeit, wollte er sich doch von anderen eine neue Religion erst machen lassen. Wer auf solchem Standpunkt steht, der besorgt sich das selber – wozu braucht er dann Rabbiner und eine Synode? Die Rabbinerversammlung erschein vielleicht zu ihrer Zeit hier und da einem ihresgleichen als zeitgemäß, heute ist die Synode für Jedermann ein Anachronismus.

Wir können nicht umhin, auf einen Kunstgriff hinzuweisen, durch welchen sich die Synode als zweite Auflage der Rabbiner-versammlung unkenntlich machen möchte, um ihre Existenz mit einigem Schein der Berechtigung zu umgeben. Wie bereits erwähnt, wies die Rabbinerversammlung jedem, der nicht angestellter Rabbiner war, die Türe. Die Synode lässt auch Lehrer und Laiendelegierte der Gemeinden zu. Ersteres offenbar ihr Bruttogewicht zu vermehren und durch diesen Ballast ihr schwach besetztes Schifflein gehörig unter Wasser zu halten, vielleicht auch, um durch die Bevorzugung der Lehrer diese als Agitatoren zu gewinnen. Letzteres – und darin liegt der Kniff – um mit einigem Schein behaupten zu können, die Synode sei eine Sendung der Gemeinden. Das ist aber Täuschung. Denn die Zahl der der von den Gemeinden gesandten Mitglieder bildet nur eine unbedeutende Minorität eine für Niemand bindende und in jeder Beziehung un-berechtigte Privatversammlung. Es geht aber derselben nicht bloß der rechtliche Beruf ab, es mangelt ihr auch der wissenschaftliche. Dies geht schon aus ihrer Zusammensetzung hervor.

Denn, dass Lehrer und Gemeindedeputierte, wenn auch im Schul- und Verwaltungsrecht tüchtig, in ihrer großen Mehrzahl total unbefähigt sind, irgendwelche religiösen Fragen wissenschaftlich zu diskutieren, wird eines Beweises wohl nicht bedürfen. Die Anwesenheit solcher Teilnehmer schließt also die Unterstellung, die Versammlung habe einen wissen-

schaftlichen Charakter, vor vornherein aus. Aber auch dem größten Teil der synodierenden Rabbinen mangelt jede wissenschaftliche Berechtigung zur Behandlung solcher Fragen. Die meisten Teilnehmer sind Männer ohne Namen, ohne den wissenschaftlichen Ruf, der sie berechtigen könnte, in so hochwichtigen Angelegenheiten mitzusprechen. Sie mögen wohl ein Examen in profanen Wissenschaften bestanden, auch eine Bestallung als Rabbiner erlangt haben; die Allerwenigsten aber werden nachzuweisen vermögen, dass sie von rabbinischen Autoritäten in der Wissenschaft, welche rite allein den Rabbiner ausmacht, in der Kenntnis der jüdischen Religionsquellen geprüft und das Zeugnis der Befähigung zur Entscheidung von Streitfragen, die über die im Leben vorkommenden normalen Fälle hinausgehen, erhalten haben. Sind, was wir nicht leugnen wollen, einige darunter, die sich wissenschaftlicher Leistungen rühmen, so haben sie durch ihre schriftstellerische Tätigkeit längst bewiesen, dass sie sowohl den Traditions- als auch den Offenbarungs-Urkunden keinen himmlischen Ursprung zugestehen, und ihre Entscheidungen sind von einem Standpunkt aus gefasst, der weit außerhalb des Judentums liegt. Spinoza war auch als Jude geboren und ist als solche gestorben; aber trotz des hohen Rufes, den er als tiefer Denker und großer Gelehrter hinterlassen (hat), wird doch kein vernünftiger Mensch sich auf ihn als Autorität in jüdisch-religiösen Fragen berufen wollen – er selbst hätte diese Ehre abgelehnt.

Da nun dem größten Teil der Versammlung die Befähigung, der ganzen Versammlung aber der gläubige Standpunkt zur Entscheidung der von ihr behandelten Fragen abgeht, so sind die Resultate, zu denen sie gelangt, nicht der Ausfluss ernsten wissenschaftlichen Forschens, sondern Akte der Willkür und des Beliebens. Hätten derartige Majoritätsbeschlüsse irgendwelche Bedeutung und Berechtigung, so war das Dekret des Konvents, „es gebe kein höheres Wesen", oder die Resolution eines Kongresses der Internationalen, „Eigentum ist Diebstahl", ebenfalls von Bedeutung und Berechtigung. Trotzdem berufen sich die Teilnehmer vorkommenden Falls auf solche Beschlüsse, als wären sie in der Quaderhalle des Tempels gefasst worden. Von den vielen Beweisen für das Streben, solche Beschlüsse in das Leben einzuschmuggeln, führen wir nur ein Beispiel an, für dessen Aktenmäßigkeit wir einstehen. Die Braun-

schweiger Versammlung hatte betreffs der Mikwa[27] einen Issur Kareth (Todsünde) erlaubt. Ein hervorragendes Mitglied jener Versammlung veranlasste nun das Kultusministerium eines süddeutschen Staates, die Ausführung dieses Beschlusses, mit Berufung auf die Autorität der Braunschweiger Rabbinerversammlung, als Norn für die betreffenden Anstalten im ganzen Lande vorzuschreiben und so Tausenden von Gewissen zu belasten. Darin besteht der zur Schau getragene Liberalismus dieser Herren, dass sie, wo es angeht, die Polizei für ihre religiösen Entscheidungen requirieren. Wie über diese Berechtigung, so ist man vielfach auch über die Ziele der Synode im Irrtum. Viele glauben, dieselbe erstrebe bloß eine Modernisierung etwaiger rabbinischer Gesetzesumzäunung. Nun, wir unsererseits würden uns auch hiergegen uns entschieden verwahren und jedem das Recht auch hierzu absprechen müssen. Es gibt jedoch viele Leute, die es damit nicht so genau nehmen würden, obwohl sie andererseits noch fest an der väterlichen Religion hängen. Für diese besonders ist es von Wichtigkeit, zu erfahren, dass die Synode, von der man bis jetzt überhaupt nicht erfahren hat, bis wie weit ihre sog. Reformen gehen sollen, einen Unterschied rabbinischen und biblischen Gesetzen gar nicht macht, denn auch die letzteren sind ihr nicht allesamt Gebote des Schöpfers und werden von ihr häufig als menschliche Gebräuche, nationalen, klimatischen, sanitätischen Ursprungs betrachtet, die heutzutage bedeutungslos geworden seien. Bei dieser Auffassung ist kein gebot heilig. Was unbequem ist, was der Genusssucht Schranken setzt, ja was den Israeliten nur als Bekenner einer selbstständigen Religion erscheinen lässt, das wird abgeschafft, es heiße Schabbat oder Beschneidung, Gesäuertes an Pessach oder Schweinefleisch, Schofar oder Lulav; erhalten wir nur, was mit sich hierarchischem Pomp umgibt, wobei mit Kutte, Barett und Agende[28] sich fungieren lässt. Wenn die Synode von Erhaltung des Judentums spricht, so will sie eben noch so viel erhalten, als die hochwürdigen Herren zu ihrer Selbsterhaltung bedürfen, denn die fortgeschrittene Reform bedarf bekanntlich keiner Rabbiner mehr. Sonst aber ist dieser Synode kein Gebot der Tora mehr heilig, weil die Tora selbst ihr nicht als himmlische Offenbarung gilt. Wir können unmöglich alle Eingriffe in das Judentum aufzählen, welche diese Leute sich erlauben, nur

---

[27] Das Tauchbad
[28] Evangelische Gottesdienstordnung

einen Gegenstand müssen wir hervorheben, weil er in seinen Folgen von unberechenbarer Tragweite ist. Die Reformer, deren Organ die Synode ist, haben wiederholt auch die jüdische Ehegesetzgebung in das Gebiet ihrer Tätigkeit gezogen, den Trauungs- und Scheidungsritus wesentlich verändert, und verbotene Ehen gestattet. Nun ist männiglich bekannt, dass die Verehelichung mit den aus gewissen Gründen verbotenen Ehen entsprungenen Nachkommen wiederum verboten ist. Wenn schon durch andere Neuerungen Verwirrung und Spaltung genug in Israel[29] entstand, wie muss es erst werden, wenn die Zahl solcher Ehen sich vermehrt; müsste da die Kluft nicht unübersteiglich, der Bruch nicht unheilbar werden! Darum kümmern diejenigen sich nicht, die nur dem religiösen Leichtsinn, der Unwissenheit schmeicheln, damit sie von diesen erhoben und gerühmt werden; diejenigen aber, welche noch ein Fünkchen jüdischen Gefühls im Herzen haben, wenn sie auch das nicht sind, was man sonst orthodox nennt, sollten mit Entrüstung sich von solch einem verderbenbringenden Streben abwenden.

Eine derartige Absage hat erst vor Kurzem die Synode von einer Seite erhalten, die beachtenswert genug ist, um darauf hinzuweisen. Gleichzeitig mit der Synode ist der Gemeindetag entstanden, eine Versammlung von Abgeordneten der Gemeinden, die eine Vereinigung der letzteren zu administrativen, wohltätigen und gemeinnützigen Zwecken erstreben soll. Dieses Unternehmen kann, wenn es auf rechte Bahnen geleitet wird, segensreich werden. Ursprünglich war beabsichtigt, der Gemeindetag sollte mit der Synode an gleichem Ort und zur gleichen Zeit tagen. Allein die Leiter des Gemeindetags erkannten alsbald, dass ihr Institut keine Zukunft habe, solange es auch nur räumlich und zeitlich mit der Synode zusammengeht. Nicht nur, dass die orthodoxen Gemeinden fernbleiben, ach die neologen hielten sich fern. Sie wollten eine Sache, die der Einigkeit bedarf, die großartig angelegt sein muss, wenn sie gedeihen soll, nicht kompromittieren durch Solidarität mit der unbedeutenden, nur Zersplitterung und Spaltung hervorrufenden Synode, überdies die die Freiheit der israelitischen Gemeinde vor dem hierarchischen Streben der hochwürdigen Herren gewahrt wissen. So sagte sich denn der Gemeinde-

---

[29] Israel bezieht sich hier nicht auf das Land oder den Staat, sondern auf das Volk Israel, die jüdische Gemeinschaft.

tag von der Synode los und versichert unumwunden, dass er mit ihr und ihrem Streben nichts Gemeinsames habe.

Diese indirekte Verurteilung der Synode durch die Vertreter einer namhaften Anzahl von Gemeinden legt uns die Frage nahe, ob wohl die noch etwa junge israelitische Gemeinde zu Augsburg[30] sich nicht, wie dies seiner Zeit München getan hat, etwas mehr hätte besinnen sollen, bevor sie der Synode ihre Gastfreundschaft anbot und sich zum Partisan deren Strebens machte. Man darf sich bei der Beurteilung dieser Frage nicht von dem Umstand bestechen lassen, dass der Magistrat in Augsburg ein ausgezeichnetes Lokal der Synode zu ihren Sitzungen eingeräumt hat. Der Magistrat übte hierdurch einen Akt der Toleranz gegen die israelitischen Bürger der Stadt, nachdem er darum gebeten worden war, und wir können dem unsere Anerkennung nicht versagen. Ein Urteil über das Streben der Synode wollte der Magistrat damit gewiss nicht aussprechen, da er schwerlich in der Lage war, die innere Seite der Angelegenheit zu prüfen. Anders liegt die Sache auf Seiten der israelitischen Gemeinde und ihres löblichen Vorstands. Diese wissen recht wohl, dass sämtliche israelitische Gemeinden Schwaben, aus denen die zu Augsburg, erst seit Kurzem größtenteils hervorgegangen ist, dem Streben der Synode sich entschieden abwenden. Schon aus Rücksicht auf diese ihre Nachbar- und Mutter- gemeinden mussten die Israeliten Augsburgs Anstand nehmen, den Herd einer Agitation in ihrer Mitte zu verlegen, die jenen ein Ärgernis bereitet. Sie musste dieser Rücksicht Gehör schenken, selbst wenn es eine große Ehre wäre, die Synode zu beherbergen. Aber in Braunschweig, Breslau und Frankfurt dürfte man sich's heute wohl nicht mehr zur Ehre anrechnen, einmal Sitz einer solchen Rabbinerversammlung gewesen zu sein, und aus mehr als einem Grunde werden sich dereinst kaum sieben Städte um den Ruhm streiten, dass in ihrer Mitte die Synode getagt hat.

Damit endet der sehr ausführliche Leitartikel des „*Israelit*" zur Einstimmung auf die Augsburger Synode.

---

[30] Offiziell 1861 gegründet, informell seit 1853 bestehend.

Jahrgang 1871. Nr. 28. "g. 21. Juli.

Die Wahrheit

Wochenschrift für Leben und Lehre im Judenthum.
Erscheint jeden Freitag.

Pränumerations-Preis: In Prag in der Buchhandlung von Stiber und Schent, Eisengasse Nr. 546—1. und in der Administration Ferdinandstraße Nr. 137; jährlich 4 fl. Vierteljährlich 1 fl. Zustellungsgebühr pro Quartal 10 kr. Mit Postversendung jährlich 4 fl. 60 kr. Halbjährlich 2 fl. 40 kr. Vierteljährlich 1 fl. 20 kr. Die einzelne Nummer 15 kr. Inserate werden billigst berechnet. Zuschriften an die Redaction sind zu richten, Prag Nr. 472—2.

Die zweite israelitische Synode.

„Warum sind Sie nicht in Augsburg ...?"

In der alten, an historisch Reminiscenzen so reichen Augusta Vindeli-corum, in der Reformationszeit so weltberühmt gewordenen Stadt, tagt gegenwärtig die jüdische Synode, und soll – wie Viele meinen – auch eine Art jüdische Reformation daselbst beraten und nach Normen festgestellt werden. – Andere träumen sogar schon von einer im Schoße des Judentums entwickelten „Augsburger Confession" – da sind denn auch die verschiedenen jüdischen Federn nicht müßig, je nach ihrem religiösen Standpunkte für oder gegen die Synode das Wort zu führen; in den einen Lager wird Ach und Wehe gerufen über die „kleinen Früchte, die den Weinberg verderben", in dem Andern, vorzüglich von dem allzu eifrigen Weinberghüter, der nach Sperlingen mit Kartätschen zu schießen pflegt – werden alle jüdischen Schriftgelehrten, die nicht nach Augsburg zur Synode pilgern, der „religiösen Gepflogenheit" oder des verderblichen Indifferentismus beschuldigt – was Wunder, wenn auch mich, den schlichten harmlosen Rabbiner einer böhmischen Landgemeinde, die längst im Rufe einer Fortschrittsgemeinde steht, ein Mann von Herz und Sinn für's Judentum energisch interpelliert und allen Ernstes anfragt: „Warum sind Sie nicht in Augsburg? Sie pflegen doch sonst bei minder wichtigen Anlässen, wenn z.B. in Berlin ein Bürgermeister[31] „ein Wort zu viel" gesprochen, oder wenn in der Synagoge zu Hechingen gemalte Fenster mit jüdischen quasi H....Bildern gespendet werden, also gleich die Federn spitzen – haben Sie in Ihrem Eifer für die Sache des Judentums kein einziges Wort für die Synode? Oder will etwa die keiner einzelnen Partei angehörende „Wahrheit" die von Tausenden längst mit Sehnsucht herbeigewünschte Synode totschweigen?

Diese und ähnliche Fragen wurden von sehr achtbarer Seite an mich und wohl auch an wichtigere Männer, und angesehenere populäre Rabbiner Österreichs gestellt. So möge es mir denn gestattet sein, dem geachteten Fragesteller seine Interpellation in diesem geschätzten Blättern sine ira et studio *leidenschaftslos und rein objectiv zu beantworten. Vor allem gestehe ich offen, dass ich zu denjenigen, die die Synode und ihre Bestrebungen verketzern und sie destruktiver Tendenzen zeihen, durchaus nicht gehöre,* eo ipso *also mit den Stimmführern in der jüdischen Presse, die da sturm läuten, weil die jüdische Religion angeblich in Gefahr gebracht wird, Chors zu machen nicht geneigt bin – auch ich liebe meine jüdische Religion und möchte mit dem Auge zärtlicher Liebe über sie wachen und meines Daseins beste Manneskraft für die Erhaltung und Reinhaltung derselben freudig einsetzen; auch mir schwillt manchmal die Zornesader mächtig an; auch mir bebt das Herz im Busen und hängt oft die heiße Schmerzensträne an der Wimper, wenn ich sehe oder auch nur höre wie frevelhafte Hände die uralten Wurzeln des Baumes jüdischer Lehre mutwillig unterwühlen und lockern; - aber die wackeren und gelehrten Männer der Synode zu jenen sündhaften Frevlern zu zählen, ihnen destructive Tendenzen zuzumuten, wäre fast ebenso sündhaft, wie übereilt.*

Ja! Die Synode will das Beste des Judentums und seiner Lehre, sie kann und darf auch die Grundfesten unserer Religion nicht erschüttern wollen, denn noch wachen Millionen jüdischer Augen über dieses unser hohes geistiges Gut, und Niemand, trüge er auch den Doktorhut und das rabbinische Amtskleid ex officio, *darf ungestraft die Minen legen zum Verderben und zum Verfalle unserer Religion; selbst was Einzelne in dieser Richtung im*

---

[31] Offenbar eine Anspielung auf den Augsburger Bürgermeister, der zugleich auch Abgeordneter des Reichstags in Berlin war.

blinden, kopflosen, überstürzten Reformeifer getan, ob sie es auch die Fractionen oder Duodez-Dissidentengemeinden gebracht haben, ihr Werk, weil es zu weit gegriffen und mit den Grundlehren und Cardinalgeboten unserer Lehre im Conflicte war, ist ein steriles, auf enge Grenzen beschränktes Werk geblieben, das Judentum im Allgemeinen ist über dasselbe zur Tagesordnung übergegangen, es hat keine Nachahmung gefunden.

Das wissen die Männer der Synode in Augsburg gar gut, und haben wir daher das volle Vertrauen zu ihrer practischen Erfahrung sowohl, wie auch zu ihrem religiösen, echt jüdischen Sinne, der wenigstens die Mehrheit derselben beseel, und hoffen, dass sie mit weiser Überlegung und mit gebotener Mäßigung zu Werke gehen; – wir sehen daher in der Synode keine Gefahr für die Zukunft der jüdischen Lehre, und müssen im Gegenteil eine Versammlung solch achtbarer und gelehrter Glaubensgenossen zur Beratung religiöser Angelegenheiten des Judentums schon darum freudig begrüßen, weil, wie wir glauben und hoffen, die Erhaltung echtreligiösen jüdischen Geistes in Israel das schöne Ziel ist, das ihnen allen vorschwebt.

Das „Hannibal ante portas", welches Allzueifrige, sich hyperfromm gebärdende Männer angesichts der Synode ausrufen, erscheint uns demnach völlig ungerechtfertigt.

Warum aber trotzdem der sehr ehrenwerte Präsident der Synode, die Versammlung überblickend, mit geflügelten Worten des bekannten Schulmeisters sagen kann „ich sehe wieder Viele, die nicht da sind"? – warum ist mancher wahrhaft aufgeklärte für die Judenheit und deren ererbte heilige Lehre glühend begeisterte Jude, dem Ruf der Synode nicht gefolgt? Warum die Versammlung es nicht bis zu einer Art כנסת הגדולה *„großen Synode"[32] gebracht hat? Wahrlich! Nicht darum, weil, wie manche Heißsporne meinen, der größte Teil der jüdischen Gemeinden und ihrer geistigen Führer indifferent geworden (sind), oder weil wirklich jene „Verlogenheit" in religiösen Dingen, von der uns so viel vordeklamiert wird, allenthalben Platz gegriffen (hat). Nein, und abermals nein! Wir kennen die wunden Flecke am Körper der Judenheit und wollen sie nicht wegleugnen; aber so schlimm als man uns glauben machen will, sieht's*

---

[32] *knesset ha'g'dola* = Große Versammlung, ein historisch besetzter Begriff, den Jahrzehnte zuvor auch Napoleon Bonaparte aufgegriffen hatte.

denn doch nicht mit uns aus – es gibt nur eben viel Ungläubige, d.h. Männer, die nicht glauben können, dass die Synode und deren Wirken von praktischem Erfolg sein dürfte.

Das Judentum der Gegenwart will eben auf religiösem Gebiet sich von Niemand etwas oktroyieren lassen, auch nicht von einer Synode – wo fruchtbarer Boden für gemäßigte Reformen auf religiösem Standpunkt ist, dort findet die Synode schon getane Arbeit, da ist man ihr zuvorgekommen – weiter auch als die meisten einer gemäßigten Reform huldigenden Gemeinden bereits gegangen oder zu gehen im Begriffe sind, kann und wird auch die Synode nicht gehen, wenn sie das notwendige Vertrauen Israels nicht im Vorhinein illusorisch machen will. – Den Gemeinden sowie den Einzelnen unter uns hingegen, denen das Judentum à la Preßburg[33] mit all seinen verrotteten Bräuchen und Missbräuchen als Vorbild gilt, denen ruft die Synode vergebens ihr mahnendes „Vorwärts!" entgegen, sie werden es mit einem „vade vetro satanas!"[34] erwidern. Sie werden dem Ruf das Ohr verschließen, denn der Jude von heutzutage legt sich in jeder Richtung, was religiöse Dinge betrifft, Alles gerne nach eigener Anschauung selbst zurecht, ihm ist entweder der Schulchan Aruch, oder eben seine eigene Ansicht in religiösen Dingen, und darum ist es (so), das so viele die Synode wohl als lebendigen Beweis für die religiöse geistige Tätigkeit in Israel hochachten und würdigen, ihr aber, da sie keine praktischen Erfolge von derselben erwarten, einstweilen ferne bleiben.

Anders denken wir hingegen von dem „Gemeindetag" – der kann und wird, hoffen wir, viel Gutes stiften und segensreiche Früchte tragen. Überall wo früher nur vereinzelt jüdische Familien lebten, entstehen, Dank der freiheitlichen Richtung, die sich trotz aller Wühlerei der Rückwärtsmänner energisch Bahn bricht, neue Cultgemeinden, denen jedoch der Kitt echt jüdischen Gemeindelebens, jede organisatorische und jüdisch administrative Fähigkeit zumeist abgeht, da können und müssen gewiegte, im Cultgemeindeleben erfahrene, erleuchtete und praktische Männer in Beratung und Feststellung weiser Normen zur Hebung des jüdischen Gemeindegeistes und Festigung der Cultgemeinden Großes leisten, in

---

[33] Sinnbild des bis dato *traditionellen* Judentums, dann der sog. *Orthodoxie.*
[34] Die traditionelle Formel des katholischen (!) Exorzismus, auf die sich auch, bzw. gerade orthodoxe Juden wohl sicher nicht berufen wollten.

dieser Richtung sieht man in den Gemeinden groß und klein sich gerne nach Vorbildern um, nimmt man gerne Ratschläge an, und wird sie auch gerne befolgen.

Dies meine unmaßgebliche Ansicht, die ich offen und ehrlich in diesen geschätzten Blättern niederlege, versichernd, dass jede begründete, wenn auch entgegengesetzte Meinung mir stets willkommenen sein wird.

אולי אבנה גם אנכי ממנה[35]

Rabbiner Ehrenteil

Der Gastkommentator „der Wahrheit" war Rabbiner Moritz Moses Ehrentheil (auch: Ehrenthal (1825-1894), ungarischer Rabbiner der in herkömmlicher, „orthodoxer" Weise heranwuchs und aus-gebildet wurde. Er studierte in Budapest und wurde um 1850 Rabbiner in kleineren Ortschaften der Umgebung. 1855 war er in der orthodoxen Landeskanzlei in Budapest angestellt. In den Folgejahren begeisterte er sich zunehmend für die „Neologen", und geriet deshalb in Streitereien. 1865 trennte man sich von ihm und Ehrentheil bekannte sich nun offen zur Reformbewegung. Zugleich begann er auch seine schriftstellerische Arbeit, die neben vielen polemischen Artikeln auch eine Reihe Bücher umfasste: *„Jüdische Charakterbilder"* (1867), *„Jüdisches Familien-Buch"* (1880), *„Der Geist des Talmuds"* (1887), *„Rezeption und Orthodoxie"* (1892).

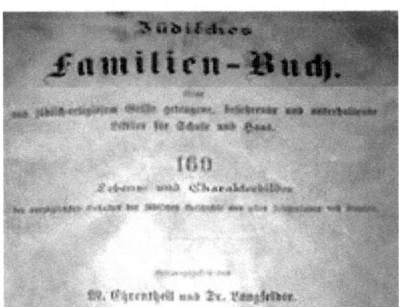

---

[35] Anspielung auf Breschit 16.2 (2. Moses), *„vielleicht kann auch ich damit bauen"*, sinngemäß: vielleicht kann ich was draus machen.

Das (der *Reform* insgesamt nahestehende) Magazin „*Die Wahrheit – Wochenschrift für Leben und Lehre des Judentums*" brachte noch eine ganze Serie von Artikeln über die Synode, welche die Ausgabe 28, 1871 vom 21. Juli durchweg bestimmte. Dazu zählt einleitend auch ein weiterer Bericht von der Eröffnung, der uns zusätzliche Details zu Ablauf und Umständen berichten. Interessant, die Einschätzung zur Haltung der *Augsburger Allgemeinen* und weitere Nuancen.

A.E. **Augsburg**, den 11. Juli 1871. *Die Synode wurde heute eröffnet. Gestern, am Montag den 10. D. M. trafen schon viele Teilnehmer ein, vom Begrüßungs-Comite am Bahnhofe empfangen und zum Bureau im Gemeindehaus geleitet: dort wurden die Legitimationskarten ausgegeben und die Teilnehmer in ihre Quartiere gewiesen, die von den Israeliten Augsburg in gastfreundlichster Weise gereicht wurden. Die Präsenzliste zählte schon bei der Vorversammlung 50 Namen (...)*[36]

Die sonst nicht besonders judenfreundliche „Augsburger Allgemeine Zeitung" insituierte das Ereignis in deren Spalten auf folgende Weise: „Die Eröffnung der zweiten israelitischen Synode wird am 11. Juli, Vormittags um 10 Uhr im goldenen Saale des Rathauses, der zu diesem Behuf und für die Dauer der Sitzungen der hiesigen Cultusgemeinde vom Stadtmagistrat in anzuerkennender Weise zur Verfügung gestellt wurde, stattfinden. Die Sitzungen sind öffentlich, und Eintrittskarten hierzu werden kommenden Sonntag, Montag und Dienstag vormittags 9-12 Uhr, nachmittags 2-5 Uhr im Bureau Wintergasse Nr. 136, Parterre abgegeben. Zu den Beratungen, welche lediglich Reformen auf liberalen Gebiete zum Zweck haben, werden sich Männer einfinden, die sowohl als Theologen, wie als Rabbiner einen Weltruf genießen und sich zum großen Teile durch hervorragende Redegewandtheit auszeichnen."

Die Reklame in einem so hervorragenden Blatte zieht die Aufmerk-samkeit auf sich, nur verstehen wir den Unterschied zwischen Theologen und

---

[36] Es folgt die bereits bekannte, auch vielen anderen Zeitungen zitierte Liste, wobei interessanter Weise der Augsburger Rabbiner Hirschfeld unerwähnt bleibt.

Rabbiner nicht; ist denn der Gottesgelehrte kein Rabbiner oder der Rabbiner kein Gottesgelehrter?

Am Montagabend war in Drei Mohren *die Vorversammlung. Eigene Ironie der Geschichte: in demselben Locale, in welchem der selige Bundestag im Jahre 1866 in Stücke gegangen (war), halten die Rabbiner Deutschlands eine Synode;[37]die Gebeine Metternichs und Kübecks[38] werden sich im Grab umdrehen. Dieser Bundestag, der die Juden noch mehr wie die armen Grundholden hasste, er ist weggefegt, und die Grundholden und die Juden sind frei und die* langnasigen Judenrotten[39] *haben sich in sein Nest in „Drei Mohren" zu Augsburg gesetzt, wie die Staare mit Hohngezwitscher die Sperlinge aus ihren Nestern vertreiben und davon Besitz nehmen. Juden, die noch im vorigen Jahrhundert Augsburgs Straßen nicht betreten durften,[40] tagen im goldnen Rathaussaal.*

Am Dienstag den 11. vormittags 10 Uhr wurde die Sitzung feierlichst eröffnet. Der Synagogenchor trug einen Choral in würdigster, zur Andacht stimmenden Weise vor. Herr Salomon Rosenbusch, Vorsitzender des isr. Cultusvorstandes, begrüßte die Versammlung. Er gibt die Versicherung, dass seine Gemeinde die Gesinnungen der Synode teilt, und constatiert den freudigen Empfang in Augsburg auch dadurch, dass der hohe Magistrat diesen herrlichen, denkwürdigen Saal zur Verfügung gestellt hat. Herr Rosenbusch wird, nachdem Herr Professor Dr. Lazarus aus Berlin als Vorsitzender des Berufungsausschusses gedankt hat und die frühere Geschäftsordnung angenommen war, dazu berufen, die Wahl des ersten Präsidenten vorzunehmen, zu welchem Acte er die Herren Dr. Ortenau aus Furth und Secretär Wertheimer aus Berlin designiert.

Der erste Wahlgang liefert das Resultat, dass Dr. Lazarus mit 43 von 50 Stimmen gewählt wird; 6 entfallen auf Dr. Geiger und 1 auf Wechsler. Als

---

[37] Die Synode war im Goldenen Saal nicht im Hotel, dort wurde „nur" gespeist.

[38] Siehe Yehuda Shenef: *Der Bundestag zu Augsburg - das Ende des Deutschen Bundes im Sommer*, Augsburg 2016

[39] Eine allenfalls bizarre Wortwahl für eine jüdische Zeitung des Jahres 1871

[40] Was so auch nicht stimmt. Juden durften zwischen 1440 und 1803 keinen Hausbesitz erwerben, mieten durften sie schon, die Straßen betreten fast täglich.

erster Vicepräsident wir Geiger mit 36 Stimmen und Leopold Kompert mit 34 als zweiter Vicepräsident gewählt. Ritter von Wertheimer aus Wien, der bestürmt wird eine Wiederwahl anzunehmen, lehnt aus Gesundheits-rücksichten ab.

Der Glanzpunct der heutigen Sitzung war Dr. Lazarus' Eröffnungsrede, die $^{4/5}$ Stunde dauerte; sie wird wohl das Hervorragendste der ganzen Synode bleiben. Wenn wir einzelne Sentenzen dieser Rede abrupt reproducirten; es wäre das, wie wenn man von einer künstlerisch vollendeten Statue ein Glied, Arm oder Fuß trennte, um daran die schöne Form zur Anschauung zu bringen. Der Totaleindruck in seiner plastischen Ruhe und Vollendung muss die Beschauer entzücken. Er schloss: Mit unsren Herzen lassen Sie uns beim Herzen des Volksgeistes sein, dann wir uns der göttliche Segen nicht fehlen.

Herr Rabb. Dr. Geiger schloss mit einem weihevollen Gebet.

„Augsburger Anzeigblatt" zum zweiten Sitzungstag (12. Juli 1871):

Israelitische Synode. Zweiter Tag. *Die Vormittags-Sitzung wurde mit Verlesung des Protokolls der ersten Sitzung eröffnet, worauf der Präsident mehrere außergeschäftliche Mitteilungen machte und a8ch bekannt gab, dass aus Amerika ein telegrafischer Festgruß eingelaufen sei. Hierauf wurden unter die Mitglieder die eingebrachten Anträge verteilt, darunter eine Broschüre des Herrn Dr. Höchstädter aus Ems, welche die Zweckmäßigkeit der sabbatlichen biblischen Vorlesungen innerhalb eines dreijährigen Cyclus nach talmudisch masoretischen Grundsätzen behandelt und zur Besprechung kommen wird. Als erster Beratungsgegenstand kam der Antrag des Herrn Jelinek aus Wien zur Sprache, welcher lautet:* „In Anbetracht, dass die Satzungen der christlichen Confessionen und die Gesetze der modernen Staaten das Verbot der Verwandtschaftsgrade fast noch strenger als das jüdische Eherecht geltend machen, die Ehe als eine sittliche Lebensgemeinschaft betrachten und demzufolge bei der Schließung derselben alles verbieten, was die Sittlichkeit verletzt, erklärt die israelische Synode in Augsburg, dass das talmudische Eherecht in Beziehung auf Proselyten, welche aus der Mitte des Heidentums stammen, keine Anwendung auf solche Personen findet, welche aus einer der christlichen Kirchen zum Judentum übertreten.*"41*

Dieser Antrag wurde von Herrn Dr. Geiger und den Referenten Herrn Dr. Aub begutachtet. Teils für, teils gegen den Antrag sprachen die Herren Dr. Wassermann, Wechsler, Löwe, Dreifuß, Wiener, Grünebaum und Geiger. – Bisher bestand das Einringsystem, künftig soll auch die Braut berechtigt sein, dem Bräutigam einen Ring zu reichen, mit den Worten „sei mir angetraut durch diesen Ring". Es wurde nun beantragt, dass die Trauungsformel in deutscher Sprache gesprochen werden möge und der Antrag, dass zwei Ringe gewechselt werden mit 25 zu 22 Stimmen angenommen. Ob die Braut künftig eine Trauungsformel sprechen dürfe, wurde mit 39 Stimmen bejaht. Ob in Ländern, wo die Civiltrauung stattfindet, an die Brautleute Zustimmungsfragen gestellt werden sollen, wurde verneint und der Antrag, ob in Ländern, wo die Civilehe nicht eingeführt ist, solche Fragen gestellt werden, wurde einstimmig angenommen.

---

41 Jüdischen Priestern, den *Kohanim*, sollten Ehen mit Christen erlaubt werden.

Berichte im „Augsburger Anzeigblatt" zu den Sitzungstagen

Augsburger und andere Zeitungen berichteten während der Woche mit schwindender Aufmerksamkeit von der Synode und den von diversen Randnotizen, die für die *unjüdische* Allgemeinheit offenkundig keine Relevanz hatten oder zu unverständlich waren.

Israelitische Synode. *Mittwoch nachmittags 4 Uhr wurde die dritte öffentliche Sitzung eröffnet, das Protokoll der zweiten Sitzung verlesen und genehmigt. Es wurde hierauf die Zuschrift des Rabbiners Herrn Dr. Kahn aus Oppeln bekannt gegeben, nach welcher derselbe bedauert, an der Synode nicht Teil nehmen zu können, wünscht aber, dass er als Mitglied der Synode betrachtet werde, welcher Wunsch erfüllt werde. Es wurde hierauf die Beratung über die Formen der Eheschließung fortgesetzt. Bisher wurden Männer, welche sich gegen die ritualen Gesetze verfehlten, als Zeugen bei Trauungen nicht zugelassen. Es wurden verschiedene Unteranträge gestellt, welche dann aber durch Übergang zur Tagesordnung abgelehnt wurden. Nachdem noch Herr Dr. Löw aus Szegedin Tatsachen erzählte, wie engherzig einige Rabbiner verfahren seien, wies derselbe nach, dass diese Vorschrift in unserer aufgeklärten Zeit nicht mehr haltbar sei und sagte:* „Fürchten Sie den Widerstand der Orthodoxie nicht, schließen Sie intelligente Männer, welche im Leben die Achtung genießen und in Ansehen stehen, als Zeugen nicht mehr aus, wenn sie nicht so leben, wie wir gerne sehen würden."

Es wurde hierauf einstimmig beschlossen, wegen ritualer Fehler niemand mehr als Zeugen bei Trauungen auszuschließen. Sodann erfolgte Beratung über einen Antrag betreffend die Beschränkung, dass zwischen Ostern und Pfingsten (Preßach <sic!> und Sabuoth) eine Hochzeit nicht gehalten werden dürfe. Auch diese Beschränkung wurde einstimmig aufgehoben, ebenso wie die harte Beschränkung, dass eine Witwe erst nach zwei Jahren wieder eine Ehe schließen dürfe, und beschlossen, dass jede Witwe nach zurückgelegtem einjährigem Witwenstand sich wieder verehelichen dürfe.

einstimmig beschlossen, wegen ritualer Fehler Niemand mehr als Zeugen bei Trauungen auszuschließen. Sodann folgte Beratung ü er einen Antrag betreffend die Beschränkung, daß zwischen Ostern und Pfingsten (Preßach und Sabuoth) eine Hochzeit nicht gehalten werden düfe. Auch diese Beschränkung wurde fast einstimmig aufgehoben,

Vierte Sitzung. *Der Referent über eherechtliche Sachen stellte zunächst den Antrag, mehrere bei der ersten Synode der Commission zur Vorberatung überwiesene Anträge, insbesondere jenen über Scheidungen jüdischer Ehen zurückzustellen, da die Vorberatungen noch nicht vollendet seien. Dieser Antrag wurde mit großer Majorität angenommen.*

Hierauf wurde über den Antrag des Herrn Dr. Aub beraten, welcher lautete: „Sobald ein ordentliches Gericht bei einem Todesfall die Identität der Person anerkannt, ausgesprochen oder Jemanden für verschollen erklärt hat, soll auch auf Ritualfälle dieser gesetzliche Ausspruch Sanktion haben." *– Der Antrag kam in zwei Abteilungen zur Beratung und wurde nach langer Debatte mit der Modifikation beziehungsweise Redaktionsänderung angenommen, dass statt des Wortes* „verschollen" *das Wort* „Todeserklärung" *gesetzt werde. Hierauf wurde über den Antrag von Herrn Dr. Aub in Beratung getreten, welcher lautete:* „Die Form der Chalize erregt in unserer Zeit gerechten Anstoß, weshalb sie eine wesentliche Umgestaltung erheischt." *Chalize ist: Der Bruder eines Verstorbenen hat das Recht, seine Schwägerin zu ehelichen und dieselbe darf ohne seine Einwilligung keinen Anderen heiraten. Will die Witwe ihren Schwager nicht ehelichen, erforderte es das Ritual, dass die Witwe den Schuh ausziehen, ausspucken und eine Menge inhaltsloser Fragen beantworten musste. Dieser Missstand soll nun beseitigt und den Witwen die Freiheit gegeben werden. Es wird von einem Herrn Redner dieser Zustand geradezu eine Sünde, Blutschande und ein Gaukelspiel genannt und dürfe derselbe in unserer vorgerückten und geistig aufgeklärten Zeit nicht mehr geduldet werden. Ob es beim Alten belassen, oder ob das ganze Gesetz in diesem Betreff aufgehoben, oder ob Änderungen und Erleichterungen einzutreten haben, hierüber verbreiten sich die Redner je nach ihrer Ansicht und Überzeugung. Herr Dr. Wechsler begründet seinen bei der 1. Synode gestellten Antrag, dahin gehend:* „Die Vorschrift der Tora wegen der Chalize hat, da bei uns die Leviratsehe nicht mehr statthaft ist, und da auch der Gedanke, welcher der ganzen Vorschrift zu Grunde liegt, unserem sozialen wie sozialem Bewusstsein entfremdet ist, ihre Bedeutung verloren; eventuell: die Unterlassung der Chalize ist kein Ehehindernis für die Wiederverehelichung einer Witwe." *– Nachdem mehrere Redner teils für, teils gegen diese Sache gesprochen und eine genaue Redaktion des Antrags (von Dr. Wechsler und Aub) vorgenommen worden war, wurde zur Abstimmung geschritten und derselbe fast einstimmig angenommen.*

Demnach ist die Chalize abgeschafft. – Schließlich wurde der Antrag des Herrn Dr. Jellinek bezüglich der Satzungen des Eherechts einstimmig angenommen.

(Berichtigung: Der Antrag des Herrn Dr. Jellinek bezieht sich nicht auf die Beratung des in zweiter Sitzung beratenen Ehegesetzes, sondern es waren Anträge der Commission, welche ihr bei der 1. Synode überwiesen wurden. Wegen Mangel an Information wurde der Antrag verwechselt.)

Unter dem Bericht fand sich in der Rubrik „Offener Briefkasten" folgende beantwortete Leserfrage, die uns heute im Zeitalter sog. „sozialer Medien" auch beschäftigen kann:

Augsburger Werbeanzeige Juli 1871

Bericht zum 15. Juli 1871:

Israelitische Synode. *– Bei Eröffnung der fünften Sitzung erklärte der Herr Präsident, dass es bei kräftigem Zusammenwirken vielleicht möglich werden könne, die Sitzungen der Synode nächsten Montag abends zu schließen. Um dies zu ermöglichen, sei aber notwendig, dass sich die am Sonntag hierbleibenden Mitglieder vormittags 10 Uhr bei ihm zur Vorberatung, und sämtliche Mitglieder am Samstag abends um 4 Uhr hier einfinden.*[42] *Dieser Vorschlag fand allseitige Billigung. Weiters gab der Herr Präsident bekannt, dass die Herren Josephstal, Dr. Aub, Dr. Geiger, Dr. Lehmann und Dr. Goldschmidt in die Commission zur Vorberatung wichtiger Ehesachen ernannt worden seien. Hierauf referierte Herr Dr. Wiener über einen von Ritter von Wertheimer bei der 1. Synode gestellten Antrag, die Sabbatfeier betreffend, welcher lautet:* „Von dem individuellen Gesichtspunkt ausgehend, dass unter den Observanzen der Sabbat- und Festtagsfeier, welche im Laufe der Zeit Platz gegriffen haben, *diejenige,* welche an einem unbedingten Verbot des Fahrens auf Eisenbahnen, mit gemieteten oder auch eigenen Pferden, am wenigsten ihre Berechtigung in der Auslegung der religiösen Vorschriften finden kann, wohl aber Inkonvenienzen zum Teil sehr ernster Natur mit sich führt, etc. stelle ich den Antrag, über folgende Punkte durch eine Commission der Synode Bericht erstatten zu lassen: 1.) Ist es zulässig, wenn größere Entfernungen vom Wohnort zum Bethaus, oder Alter und Kränklichkeit die Teilnahme am Gottesdienst, insbesondere an einem würdigen und erhebenden, verhindern, dieses Hemmnis dadurch zu beseitigen, dass man sich am Sabbat und an Festtagen, sei es auf der Eisenbahn, sei es zu Wagen, nach dem Ort der gemeinsamen Andacht begibt? – ... (2) Ist in gleichen Verhinderungsfällen diese Zulässigkeit auch auf die Übung von wohl-

---

[42] "Samstag abends um 4 Uhr" ist dabei natürlich allenfalls ein Euphemismus, da Mitte Juli um 16 Uhr nachmittags von Abend überhaupt keine Rede sein kann. Es sollte hier vorgeben werden, dass der Schabbat, den man mit der Tagung am Samstag offensichtlich verletzten wollte, ohnehin schon beendet sei. Tatsächlich ist in Augsburg zur Juli-Mitte der Sonnenuntergang aber erst nach 21 Uhr, neun Uhr abends erreicht. Der Vorschlag lautete nun also, das Schabbat-Ende, zu dem objektiv völlige Dunkelheit und bei gutem Wetter wenigstens drei sichtbare Sterne am Himmel erforderlich waren, der Synode zuliebe um mehr als fünf Stunden vorzuverlegen. Dieser Pragmatismus reduzierte die Teilnehmerzahl der restlichen Synode beträchtlich.

tätigen Werken auszudehnen, bei welchen die Unterlassung oder ein Aufschub ein Nachteil wäre? – 3) Ist sie in gleichen Fällen auch auf die Zwecke der Belehrung oder des Vergnügens auszudehnen? – 4) Ist sie auf Benützung der Eisenbahnen und Mietwägen zu beschränken, oder auf die Verwendung der eigenen Pferde zu erstrecken?"

Über diesen Gegenstand sprachen nebst dem Referenten die Herren DDr. Grünebaum, Dreifuß, Geiger, Aub, Wechsler Holländer, Vogler, Goldschmidt und Weinmann und zwar mit schwacher Ausnahme alle für die Aufhebung dieser lästigen Vorschrift.

Von mehreren Synodalen wurden Motionen vorgelegt und begründet. Herr Dr. Aub erklärte: „Wer fahren oder reiten will, fährt und fragt keinen Rabbiner um Erlaubnis." *Man lasse jeden fahren.* „Wer fahren will, hebe die Vorschrift auf und stimme über Ziffer 3 und 4 gar nicht ab, weil man sich sonst nur lächerlich macht."

Im Allgemeinen wurde beantragt, die Vorschrift einfach über Bord zu werfen und dies durch ein kräftiges „Ja" bei der Abstimmung zu betätigen. Bei der hierauf folgenden Abstimmung über die Ziffern 1 und 2 wurde hierauf die Vorschrift fast einstimmig abgeschafft. Zu Ziffer 3 wurde eine Modifikation gemacht und gleichfass angenommen. Über die Ziffer 4 unterblieb die Abstimmung.

Hierauf wurde ein Antrag der Commission „ob ein Jude am Sabbath die Orgel spielen darf" *in Beratung gezogen. Dies wurde bei der Abstimmung mit allen gegen eine Stimme bejaht. Diesem folgte ein Antrag des Herrn Dr. Geiger, in der 1. Synode gestellt, lautend:* „Die Versammlung erklärt, dass sie die Giltigkeit des Proselytenbades für eine nach Erfüllung aller sonstigen Vorbedingungen in das Judentum aufzunehmende Proselytin lediglich von der Anwesenheit zweier Vertrauen verdienender jüdischer Frauen abhängig macht." *Auch dieser Antrag wurde nach nur kurzer Besprechung einstimmig angenommen. – Über einen von Herrn Dr. Hirschfeld in der 1. Synode gestellten Antrag in Betreff des Gottesdienstes*[43] *wurde dem Antrag des Referenten Herrn Dr. Adler gemäß zur Tagesordnung übergegangen. – Eine längere Debatte entspann sich über einen Antrag des Herrn Sulzer, (auch bereits) in der 1. Synode gestellt, dahin gehend:* „auf den Synagogengesang mehr Gewicht zu legen und bei

---

[43] Der Notiz können wir entnehmen, dass Hirschfeld bereits an der Synode in Leipzig teilgenommen hatte.

Ausbildung der Lehrer darauf zu sehen, dass dieselben nun auch tüchtige Cantoren werden". *Über diesen Gegenstand wurden dann verschiedene Meinungen und Anschauungen geltend gemacht. Der hierauf gestellte Antrag, zur Tagesordnung überzugehen, wurde abgelehnt, jener auf Schluss der Debatte angenommen. Dieser Antrag wurde hierauf neu formuliert und nach erfolgter redaktioneller Änderung durch erfolgte Abstimmung angenommen.*
Schließlich wurde über fünf Anträge in Betreff „der Formen erhöhter Feierlichkeit" *in Beratung getreten. Der erste lautet:* „Es möge ausgesprochen werden, dass es die Pflicht der Rabbiner und Gemeindevorsteher ist, dem Chanucka-Feste eine größere Feierlichkeit als bisher zu erwirken." *Während der Debatte wurde hervorgehoben, dass an diesem Fest in Wien zur Erhöhung der Feier durch den Frauenverein 450 arme Kinder ganz neu mit Winterkleidern versehen werden, und dass eine Nachahmung im kleineren Maßstabe wünschenswert erscheinen dürfte. Nach redaktioneller Änderung des Textes des Antrages wurde derselbe angenommen.*

Dem dann doch wieder recht ausführlichen Bericht der Augsburger Lokalzeitung folgt eine weitere Meldung zum Randgeschehen, die unsere Aufmerksamkeit gleichermaßen verdient:

„Die hiesige israelitische Kultusgemeinde hatte die zur Zeit hier tagenden Synodalmitglieder vorgestern zu einem Festdinner in den „drei Mohren" eingeladen, welches in jeder Beziehung höchst gelungen war. Bedeutung gewann dasselbe namentlich durch die gehaltenen Tischreden, welche begeistert und begeisternd gesprochen wurden und das geistige Interesse bis spät in die Nacht hinein anzuregen und zu fesseln vermochten. Nachdem Herr Bankier Rosenbusch die Versammlung, welcher erganener Einladung zufolge auch die Vertreter der Presse anwohnten, begrüßt und der Synode ein Hoch ausgebracht hatte, ergriff der Präsident derselben, Herr Professor Dr. Lazarus das Wort, um den König von Bayern, der mutig an der Spitze steht im Kampf um Freiheit der Gewissen, ein begeistertes Hoch zu bringen, das jubelnden Widerhall fand. Herr Consul Max Obermaier brachte dem deutschen Kaiser, dessen Büste den Saal zierte, für die Schaffung des deutschen Reichsgesetzes, das den Israeliten

die lange angestrebte Gleichberechtigung gebracht, ein mit lautem Beifall aufgenommenes Hoch aus. Herr Dr. Geiger aus Berlin war des Lobes voll von der Stadt Augsburg und ihrem hohen Rat, der Stadt, die wie in den Zeiten, aus denen ihre denkwürdigen Baudenkmäler stammen, so auch heute noch durch wahrhafte Bürgertugenden, Gewerbefleiß und edelsten Wetteifer in der Entwicklung aller bürgerlichen Kräfte, durch geistige Erhebung und gemütlich Vertiefung glänzt in Mitte der Städte, die ein Wohnsitz sind aller edlen und hohen Bildung, eine Zuflucht und ein Ort des freien kräftigen Bürgergeistes, Augsburg, der Stadt wahrer Gewissensfreiheit und ihrem hohen Rat sage er Dank aus vollem Herzen und bringe ihnen ein Hoch.

Und nun sprudelte die Quelle der Toaste lustig weiter und mit perlenden Champagner stiegen auch die Perlen des Geistes herauf, und machten sich Luft durch beredte Worte, die ihrer Gedankentiefe, wie wiederum ihrer Herzlichkeit halber des allgemeinsten Interesses fanden und ihre Wirkung auf die Gemüter nicht verfehlten.

Des geeinigten Deutschlands, der deutschen Brüder in Oesterreich, des großen Bundes, der alle Menschen als Brüder umfasst, der um geistige und wirtschaftliche Hebung des Volkes und namentlich des Judentums hochverdienten Männer früherer Zeiten und der Koryphäen unserer Tage, der freimütigen Presse, des Marschalls Vorwärts auf geistigem Gebiete, der deutschen Wissenschaft und Tatkraft, der Frauen, etc., etc. wurde in einer Reihe geistreicher Vorträge gedacht und die ausgezeichneten Redner, unter denen, außer den eingangs genannten, Namen vom besten Klang, wie Dr. Löw, Dr. Adler, Dr. Aub, Ritter von Wertheimer, Dr. Kompert, Dr. Szanto, etc., etc. mit reichen Beifall belohnt. Es waren interessante Stunden des Verkehrs mit diesen hervorragenden, von gleich edlem Streben nach zeitgemäßen Reformen und wahrhaften Humanität erfüllten Männern."

Angesichts des beachtenswerten Überschwangs des Lokalreporters, kann man nur mutmaßen, wie hoch sein Anteil des „perlenden Champagners" im Laufe „der interessanten Stunden" gewesen sein mag. Offenkundig ging er nicht leer aus.

Ein weiterer Zusatz gleich im Anschluss der Berichte, weiß noch folgende Ergänzung zu vermitteln:

Während des vorgestrigen Festmahles der israelitischen Synode in den „drei Mohren" wurde vom Cultusvorstand Herrn Rosenbusch namens der Synode ein Telegramm an Seine Majestät den König abgesendet. Gestern ist folgende Antwort eingetroffen: „An Herrn Rosenbusch, Banquier und Cultusvorstand in Augsburg. Sr. Maj. der König haben die von der israelitischen Synode abgesandte telgraphische Kundgebung der Liebe und Treue mit großer Freude entgegen genommen. Allerhöchstdieselben erwidern der Synode mit dem Ausdruck huldvollen Dankes und mit dem Wunsche, dass diese Versammlung eine der ersten, welche Glieder aus allen Teilen des neuentstandenen Reiches zu Arbeiten des Friedens vereint, dauernde und segenbringende Früchte tragen möge.
Eisenhart, Ministerialrat,[44] *Secretär Sr. Maj. des Königs.*
Bei der Bekanntgabe dieses hohen Telegramms brachte Herr Präsident Professor Lazarus im Gefühle ehrfurchtsvollsten Dankes Sr. Maj. dem König ein dreifaches Hoch aus, in welches alle Synodalen mit Liebe und Begeisterung einstimmten."

Mit dem Senden, Empfangen und Verlesen von Telegrammen mit Grüßen des Königs und an den König wollte das Synodalpräsidium zum einen die „höchste politische Zustimmung" ebenso signalisieren, zugleich aber auch den Nachdruck darauf legen, eben auch technisch völlig auf der Höhe der Zeit zu liegen. Auf die übergroße Zahl der Versammelten, ältere Herren im Rentenalter und kurz davor, machte das damals sicher ganz erheblichen Eindruck.

---

[44] *Johann August Eisenhart* (1826-1905), studierte Jura in München und Heidelberg, 1854 mit eigener Anwaltszulassung, dann an Bezirksgerichten, 1870 sodann Ministerialrat im Justizministerium, 1876 von Ludwig II. aus seinen Ämtern enthoben, offenbar weil er die Funktionalität der königlichen Regierung in Frage stellte. Verheiratet war seit 1857 er mit der Schriftstellerin und Chronistin des Münchner Gesellschaftslebens *Luise von Kobel* (1828-1901).

Bericht vom sechsten Sitzungstag:

„In der sechsten Sitzung der israelitischen Synode *wurden verschiedene Commissionen für Cultus, Unterricht, Ritual und Berufungscommission, etc., etc. gewählt, welche für die III. Synode vorzuarbeiten haben und beschlossen, dass die III. Synode 1873 abgehalten werden soll.*[45] *Die Wahl des Ortes bleibt der Berufungskommission (in welche auch der Hr. Banquier von hier gewählt ist) überlassen. Einem tätigen Mitarbeiter im Judentum, dem Herrn Veitel in Ungarn, wird der Dank der Synode votiert. Es folgte Beratung und Abstimmung über folgenden von Herrn Wiener gestellten Antrag: „*In Erwägung, dass die Reformen im öffentlichen Cultus meist dem jüngeren Geschlechte zu Statten kommen sollen, die Jugend aber wegen des Schulbesuches vom Bethaus zurückbleibt, stellen die Mitglieder der Synode es sich zur Aufgabe die Jungen und Mädchen behufs der Beteiligung am öffentlichen Gottesdienst am Sabbathe eine Stunde vom Schulbesuch dispensieren zu lassen. Die Synodalen wollen auch die höchsten Schulbehörden ersuchen, so viel als möglich während des Gottesdienstes am Sabbathe nur weniger wichtige Lektionen erteilen zu lassen, durch deren Verabsäumung die jüdische Schuljugend in ihrem Fortschritt nicht wesentlich gehindert wird.*"*
Dieser Antrag wurde einstimmig angenommen.
Über den Antrag der Herren Dr. Fürst und Dr. Engel, welcher lautet: Die Synode wolle nachstehende Fragen einer Commission zur eingehenden Erörterung und Beantwortung überweisen:
1) Ist ein von einer israelitischen Mutter geborener, aus was für einem Grunde, unbeschnitten gebliebener Knabe im Sinne der für Israeliten bestehenden und als bindend anerkannten Normen als Jude anzusehen, und wie wird 2) falls die erste Frage beantwortet wird, - ein solches Individuum späterhin, wieder auf Grund der vorerwähnten Reformen bei rituellen Anlässen subjektiv und objektiv zu behandeln sein" liegt ein umfangreiches Commissionsgutachten vor, welches in den letzten Vorberatungen ergänzt wurde.

Dieser so wichtige Beschluss wurde in der vom Herrn Präsidenten beliebten Fassung einstimmig angenommen. Schließlich wurden noch mehrere

---

[45] Sie sollte nie stattfinden.

*Anträge einer Commission zur Berichterstattung bei der III. Synode über-
wiesen.*

*In der Schlusssitzung wurden in die Redaktionskommission die Herren Dr.
Geiger, Dr. Aub und Ritter von Wertheimer gewählt, welcher der Hr.
Präsident Dr. Lazarus seine Mitwirkung zugesichert hat. Hierauf wurde
beantragt und beschlossen, dass noch vor dem Erscheinen der Synodal-
verhandlungen alle Beschlüsse der ersten und zweiten Synode gedruckt
und veröffentlicht werden, damit die Gemeinden die Beschlüsse unverweilt
kennen lernen. – Um nun alle noch nicht erledigten dringenden Anträge so
zu sagen in einem einzigen zu verwandeln, wurde vom Herrn Referenten
Szanto die von Herrn Dr. Jakob Auerbach verfasste, in einer Commission
und dann in der Vorversammlung durchberatene und angenommene
„Resolution" motiviert, und nachdem Herr Präsident Dr. Lazarus einige
empfehlende Worte beigefügt hatte, einstimmig angenommen. In dieser
Resolution wurde der Fortschritt des menschlichen Geistes, der Um-
schwung der Menschheit besprochen und hervorgehoben, dass das
Judentum von seinem Entstehen an auf Verständnis, Fortschritt und
Aufklärung gedrungen habe. Die Synode soll der Ort der Fortbildung sein,
sie soll jede Lockerung zu verhüten suchen. Es dürfen deshalb ins Judentum
deshalb keine anderen Schriften eindringen, als jene der Wahrheit im
Geiste des Judentums, im Geiste des Friedens. Hierauf hielt Herr Präsident
eine mit Begeisterung aufgenommene und durch Applaus oft unterbrochene Schlussrede. Nachdem noch Herr Oberrabbiner Dr. Löw Namens
der Synode dem Herrn Präsidenten den Dank für sein ersprießliches Wirken
ausgesprochen hatte, erklärte der Herr Präsident die zweite Synode für
geschlossen.*

Augsburg 17. Juli (2. Israelitische Synode / Schluss)

Um bei der Menge der noch vorgelegenen Beratungsgegenstände und dem Umstand, dass die zwei dazwischen gefallenen Tage (Sabbath und Sonntag) eine öffentliche Sitzung untunlich gemacht hatten, doch die Verhandlungen zu einem raschen Ende zu bringen, hatte der Herr Präsident der israelitischen Synode vier vorbereitende Versammlungen, wo die Synodalmitglieder als Comité saßen, veranstaltet, in welchem die vorliegenden, teils gedruckten, teils ungedruckten Anträge vorgelegt, die Art ihrer Behandlung festgestellt, die zu wählenden Commissionen bezeichnet, die Männer, die sie zu bilden haben und ihre Zahl durch Acclamation gewählt, die anderweitig zu fassenden Beschlüsse formuliert und redigiert, und die Veröffentlichung und Redaktion der Protokolle durch das Präsidium verhandelt worden waren. Auf diese Weise konnten in der gestrigen sechsten öffentlichen Vormittagssitzung vier besondere Commissionen für Cultus, Ritus, Unterricht und Einberufung einer späteren Synode eingesetzt werden. Die Wahl des Ortes derselben bleibt der Berufungscommission (in welche auch Herr Banquier von hier berufen gewählt ist) überlassen. Einem tätigen Mitarbeiter im Judentum, dem Herrn Veitel in Ungarn, wird der Dank der Synode votiert. Der Inhalt der in den Commissionen erledigten Anträge dürfte in Kürze folgender sein: 1) Antrag Dr. Fürsts aus Bayreuth, die ferner für ungültig zu erklärenden Vorechte und Pflichten der Kohanim (Priester), da die Priester-würde erloschen ist. 2) Antrag Dr. Wieners aus Oppeln, die Ermöglichung der Teilnahme am öffentlichen Gottesdienste der Schüler, Lehrlinge, etc. 3) Antrag auf Einsetzung der Berufungs-commission: dieselbe soll das Nähere vorzukehrn haben für die im Jahre 1873 wieder einzuberufende Synode, wobei sogleich der Antrag Dr. Lehmands in Dresden, sie auf die Zeit der Gerichtsferien zu verlegen, um den Juristen, etc. die Teilnahme zu ermöglichen, abgeworfen wurde. 4) Antrag Dr. Wiener auf Aufhebung der biblisch nicht gebotenen Feiertage. 5) Antrag Dr. Wolfs aus Wien (nicht anwesend), die rabbinischen Bestimmungen, welche die Zeugenschaft von Nichtisraeliten beschränken, abzuschaffen. 6) Für die Behandlung der Finanzangelegenheiten der Synode. 7) Für den Antrag Dr. Höchstädters aus Ems, den dreijährigen Cyclus der Thoravorlesung einzuführen (der

Verfasser hatte eine von ihm verfasste und gedruckte Monographie an die Mitglieder der Synode verteilt), ward keine eigene Commission gewählt, sie ward vielmehr der Cultuscommission überwiesen. 8) 9) und 10) von den Anträgen des Herrn Rabbiners Wittelshöfer aus Floß, die Beibringung von Beschneidungszeugnissen bei Verehelichungen, wurde der erste abgelehnt. Dagegen das weitere auf Herstellung einer Statistik über die Zahl der Synagogen, Schulen, etc. als besonders wichtig bezichnet und einer eigenen Commission überwiesen, wie dessen weiterer Antrag auf neue Gebetseinrichtugnen, etc. in Schulen für Lehrlinge und Dienstboten der Unterrichtscommission mit dem Beisatz überwiesen, von neuen Gebetsformeln abzusetzen, und 10) ein Antrag des Rabbiners Dr. Grünebaum aus Landau, die gesetzlichen Bestimmungen über männliche Erstlinge beim Vieh, Nichtgenuss der Baumfrüchte in den drei ersten Jahren und Castrierung der Tiere zu abrogiren.

Es erfolgte heute Beratung über folgende von Herrn Dr. Wiener gestellten Antrag: „In Erwägung, dass die Reformen im öffentlichen Cultus meist dem jüngeren Geschlechte zu Statten kommen sollen, die Jugend, aber wegen des Schulbesuchs vom Bethaus zurückbleibt, stellen die Mitglieder der Synode es sich zur Aufgabe, dahin gehend zu wirken, dass die Eltern ihre Kinder, sowohl Knaben wie Mädchen, behufs der Beteiligung am öffentlichen Gottesdienste am Sabbath vom Schulbesuch für eine Stunde dispendiren lassen. Nur so kann kleineren Gemeinden ein Gesangschor geschaffen und erhalten werden" ... Dieser Antrag wurde einstimmig angenommen. Auch der sehr wichtige Antrag der Herren Dr. Fürst und Dr. Engel, die Unterlassung der *Beschneidung* betreffend, wird nach eingehender Debatte in der von Herrn Präsidenten beliebten Fassung angenommen: *„Indem die Synode der hochwichtige Bedeutung der Circumcision im Judentum als unbezweifelt voraussetzt, erklärt sie jedoch suf die ihr vorgelegte Frage: dass ein aus irgendeinem Grund unbeschnitten Gebliebener, von einer jüdischen Mutter geborene Knabe im Sinn derals bindend anerkannten Reformen als Jude anzusehen und in allen rituellen Beziehungen als solcher zu behandeln ist."*

Mit diesem waren die geschäftlichen Angelegenheiten der Synode erledigt, und wurde eine zweite, die Schlussitzung, auf 5 Uhr anberaumt. In der 7. (Nachmittagssitzung) erfolgte zuerst die Verlesung in der Form von Resolutionen gefasster Grundsätze und Lehren des Judentums und das Verhältnis und die Stellung der Synode zu ihnen usw. Sie sind ob ihres Umfangs zur Mitteilung hier nicht geeignet, werden aber, wenn sie, wie nicht zu zweifeln, in die Öffentlichkeit gelangen, sicherlich Würdigung und Anerkennung finden. Hieruaf hielt der Präsident, Herr Dr. Lazarus eine Schlussrede, welche seienr Eröffnungsrede an Eleganz und Reichtum der Ideen, und in welcher er Dank sagt dem israelitischen Cultus-Vorstande, der Stadt Augsburg, den Vizepräsidenten und Schriftführern, Steno- graphen und Berichterstattern, und die Beschlüsse in geistreicher Weise vorführt und belauchtet. Nachdem noch Oberrabbiner Dr. Löw aus Ungarn auf Wunsch der Versammlung in seiner kerningen beredten Weise dem Präsidenten warme Worte des Dankes und der Anerkennung gesagt hatte, erklärte dieser die Synode für geschlossen.

Nördlingen, 12. Juli. Vorgestern Nachts 12 Uhr entgleiste beim Einfahren in den Bahnhof der von Stuttgart kommende Personen- zug. Die Locomotive stürzte mit voller Wucht in die Drehscheibe vor dem württembergischen Maschinenhause, die übrigen Wagen sprangen auf zwei verschiedene Geleise über, und nur diesem glücklichen Umstande, durch wel- chen die Stärke des Nachstoßes vermindert wurde, ist es zu danken, daß die zahlreichen Passagiere mit dem bloßen Schrecken und dem Sturze da- von kamen und nur der Heizer leicht verletzt wurde. Die meisten Passa- giere mußten durch die Wagenfenster aussteigen. Als Ursache des Unfalls vermuthet man, daß der Wechsel Anfangs nicht gestellt war und man dieses Versehen erst verbessern wollte, als sich die Maschine bereits im falschen Geleise befand.

Bericht über ein Bahnunglück am 12. Juli 1871 im *„Augsburger Anzeiger"*

Augsburg. Vom 11. bis 17. Juli incl. kamen im Verwaltungs-
bezirke der Kreishauptstadt Augsburg 25 Blattern-Erkrankungen
vor, sämmtlich dem Civilstande angehörig. Von diesen gingen 9 in das
Blatternspital, dessen Stand nunmehr auf 21, darunter 16 Reconvales-
centen gesunken ist, zu, 17 verblieben in der Privatpflege. Gestorben sind
innerhalb des genannten Zeitraumes 2 Männer und eine alte Frau, in
Summa 3. Die Erkrankungen betreffen fast ohne Ausnahme solche Leute,
welche sich der Revaccination nicht unterzogen haben.

Vor 150 Jahren: 25 Blattern-Erkrankungen in Augsburg binnen einer Woche.

Nachbetrachtungen

Nach der täglichen, aktuellen Berichterstattung in verschiedensten
Tageszeitungen, gab es im Nachgang natürlich noch eine große Zahl
an Resümees, Faziten, Interpretationen und Schlussfolgerungen,
samt und sonders auch um die *Deutungshoheit* des Geschehens
und seiner Auswirkung auf Judentum und (Um)Welt bemüht.

X. Y. Z. Augsburg, 18. Juli. Gestern um ¼8 Uhr Abends fand die Schluß-
sitzung der Synode statt. Es fehlte ihr
der mächtige Eindruck, den man erwartete.
Es hatte das seine mannigfachen Ursachen.
Namentlich aber lag eine Haupturfache in
der allgemeinen Abspannung, welche ihrerseits eine Folge der heißen Schlacht war,
die man den ganzen Tag über in der Vor-
berathung, im Hotel „Zu den 3 Mohren" geschlagen hatte. Die Schlacht war
so heiß, daß der Präsident sich einmal hingerissen fühlte, sein Präsidium an den Vice-
präsidenten Herrn Dr. Geiger abzugeben,

X.Y.Z. **Augsburg**, 18. Juli. *Gestern um halb acht Uhr abends fand die Schlusssitzung der Synode statt. Es fehlte ihr der mächtige Eindruck, den man erwartete. Es hatte das seine mannigfachen Ursachen. Namentlich aber lag eine Hauptursache in der allgemeinen Abspannung, welche ihrerseits eine Folge der heißen Schlacht war, die man den ganzen Tag über in der Vorberatung, im Hotel „Zu den 3 Mohren" geschlagen hatte. Die Schlacht war so heiß, dass der Präsident sich einmal hingerissen fühlte, sein Präsidium an den Vizepräsidenten Herrn Dr. Geiger abzugeben, um in die Debatte eintreten zu können. Es war das allerdings von einigem Erfolge für die Entscheidung des Kampfes. Nichts desto weniger war dieser so hartnäckig, dass die Versammlung, welche, wie bestimmt war, um 5 Uhr abends, in vollen Reihen aus „den 3 Mohren" in den goldenen Saal des Rathauses zur Schlusssitzung ziehen sollte, eine ganze Stunde später diese Wanderung[46] antreten konnte. Der Gegenstand, weshalb die Geister an einander platzten, war eine Resolution, die in der Schlusssitzung gefasst werden sollte.*

Dr. Adler und Herr von Wertheimer hatten Anträge hatten Anträge allgemeiner Natur eingebracht. Diese fanden wohl nicht den gewünschten Beifall, aber es machte sich dadurch die Ansicht geltend, dass die Synode sich nicht mit einzelnen concreten Fragen begnügen dürfe, sondern allgemeine Grundsätze aussprechen müsse. Auch Hirschfeld hatte gelegentlich des Antrags von Dr. Wassermann, dass, die Synode eine vorzunehmende Revision des Schulchan Aruch beschließe – ein Antrag, welcher vielfach bekämpft und verworfen wurde – darauf hingewiesen, dass um eine Revision, überhaupt Reformen vorzunehmen, man die Principien der Reform feststellen sollte. Genug, man hatte den Entschluss gefasst, die 2. Israelitische Synode sollte nicht auseinander gehen, bevor sie allgemeine, leitende Grundsätze hingestellt (hat). Diese auszuarbeiten übernahm nun Dr. Auerbach aus Frankfurt. Nachdem so dann nun gestern Vormittag in der Vorversammlung über die einzelnen Anträge noch kurz beraten und dieselben den sogleich ernannten Commissionen überwiesen waren, kam die Reihe an die zu fassende Resolution. Es trat eine Verschiedenheit der Ansichten über den einen und den anderen Punkt hervor. Doch hielt man dafür, dass sich leicht eine Einigung werde erzielen

---

[46] Ca. 350 m Fußweg

lassen. Es zog die ganze Versammlung vom Hotel, dem Orte der Vorversammlung, in den Goldenen Saal – es war bereits 12 Uhr – und indem in dieser Sitzung noch Einzelnes erledigt wurde, kündigte der Präsident die nächste und Schlusssitzung auf 5 Uhr abends an, mit dem Beifügen, dass in derselben noch eine sehr wichtige Resolution zur Annahme vorgelegt werden werde. Er tat dies in der sicheren Voraussetzung, dass man sich über die Auerbach'sche Fassung der allgemeinen Grundsätze leicht verständigen werde. Es wurde inzwischen auch für mehrere Abschriften jener Thesen gesorgt. Um 3 Uhr traten die Synodalmitglieder zur Vorberatung in dem Hotel „Zu den 3 Mohren" zusammen.

Aber siehe da! Das Geplänkel vom Vormittag nahm jetzt die Dimensionen einer parlamentarischen Schlacht an. Man betrachtete das Elaborat in vielen Punkten als zu weit gehend, als zu radical. Hier war es, wo einmal der Präsident in die Diskussion eintrat, und einen der heftigen Gegner des Elaborates, den Herrn Dr. Adler, darauf aufmerksam machte, dass er selber, Herr Dr. Adler, aufgestellt, viel weiter ging, indem er alle „gesetzlichen Bestimmungen", die für unsere Zeit ihre Bedeutung verloren, als außer Geltung getreten erklärt. Adler wollte unter dem Ausdruck „gesetzliche Bestimmungen" aber nur solche Einrichtungen verstanden haben, die [47] מדרבנן sind. Professor Lazarus fand diese Interpretation nicht für zutreffend. Die Debatte wogte aber lange und heftig. Namentlich war es Dr. Vogelstein aus Pilsen, der den „Radicalismus" des Elaborates bekämpfte. Endlich wurde dieses, vielfach beschnitten und modifiziert, in einer Form hergestellt, dass es schließlich von der ganzen Versammlung angenommen werden konnte, obschon kein Zweifel ist, dass mancher noch manches anders gewünscht hätte. Doch die Debatte musste geschlossen werden. Die Schlusssitzung musste stattfinden und man hatte die für den Anfang bestimmte Zeit längst hinter sich. In der nun erfolgten Schlusssitzung verlas der als Referent hierfür aufgestellte Director Szanto die Resolution, die einstimmig angenommen wurde. Nachdem nun nur noch beschlossen wurde, dass die Beschlüsse der 1. und 2. Generalsynode sofort durch den Druck veröffentlicht werden sollen, damit das Publicum, um zur Kenntnis derselben zu gelangen, nicht erst bis zu der, viel Zeit beanspruchenden, Drucklegung der stenographischen Berichte warten zu

---

[47] „von Rabbinern"

müssen, hielt der Präsident die Schlussrede. Diejenigen, die der Leipziger Synode beigewohnt (hatten), versichern, dass dort der Eindruck der Schlussszene viel feierlicher und imposanter war. Wer aber Zeuge der bis zum letzten Moment andauernden heftigen Debatten und der mit Naturnotwendigkeit hierauf eintretenden Abspannung war, konnte sich den Grund des matten Colorits, den das Schlusstableau hier hatte, leicht erklären.

Übrigens wirkte auch der Umstand deprimierend, dass nicht nur die Zahl der 80 Synodalmitglieder in Leipzig diesmal auf 50 schmolz, sondern das von diesen 50 selbst nur 25 über die ganze Synode treu aushielten und beim Schluss noch anwesend waren; worauf der Präsident auch in einer geistreichen Anwendung der Stelle in einem Passus seiner [48] אפס קצהו תראה *Schlussrede anspielte.*

Kaminzimmer, Hotel Drei Mohren, Postkarte (1910)

---

[48] Das Zitat stammt aus dem Vers 4. Buch Moses 23.13, wo König Balak den Seher Bil'am bittet, das von Moses geführte Volk Israel von einem anderen Standpunkt aus wenigstens teilweise zu verfluchen, von dem aus er *nicht das ganze* Volk sieht, das er zuvor nicht verfluchen wollte/konnte. – Ob Prof. Lazarus damit (zumal im biblischen Kontext) wirklich eine „geistreiche" Anspielung gelang?

Reden

zur

Eröffnung und zum Schluß

der

Zweiten israelitischen Synode

in

Augsburg

am 11. und 17. Juli 1871

gehalten von deren Präsidenten

Prof. Dr. M. Lazarus.

———

Augsburg, 1871.

Druck und Verlag von G. A. Reichel.

NEW YORK HERALD, SUNDAY, AUGUST 6, 1871.—TRIPLE SHEET.

Der *New York Herald* brachte am 6. August 1871 einen sehr detaillierten, mehrspaltigen, fast ganzseitigen Bericht über acht Sitzungstage. Interessanter Weise ist es der *einzige* Bericht, der die Anwesenheit von Frauen - wenigstens im Publikum - erwähnt.

SANHEDRIM.

Herald Special Report of the Second Israelite Synod at Augsburg.

Full Particulars of the Business of the Sessions—
The Marriage and Education Questions—The
Desecration of the Sabbath—Banquet—
The Manifesto of the Synod.

AUGSBURG, July 16, 1871.

Full Particulars of the Business of the Sessions – The Marriage and Education Questions – The Desecration of the Sabbath – Banquet – The Manifesto of the Synod

Augsburg, July 16, 1871 – Not without little difficulties and inconvenience I have made my way to this city for the purpose of supplying you with a detailed account of the proceedings of the above body. While in the ordinary times one travels with the greatest ease and comfort through the length and breadth of Germany – punctuality and speed being the rule with railway companies – it is nothing unusual now to be told at the depot that, owing the forwarding of troops, either German or French, such or such regular mail trains, to say nothing of the local trains, have been dropped out, or that they have no seats left for the public.

The opening of this synod took place in the forenoon of the 11th (July) in the beautiful "Golden Hall". A large assembly of Augsburg citizens, ladies and gentlemen, filled the seats and the standing space beyond. There were also present a number of Catholic clergymen, who listened attentively to the proceedings. After the Augsburg Committee of invitation had grouped themselves in a double row near the door the members of the Synod, most of them rabbis from all parts of Germany, but also including some teachers of religion, theological authors and professors, entered the hall two abreast, and seated themselves on a semicircular platform opposite that intended for the presiding officers. Accompanied by orchestral music, a beautiful choral composed of young ladies of an Augsburg musical society. The chairman of the Augsburg Committee, Mr. ROSENBUSCH now welcomed the Synod, thanking it for having honored this city with its presence in order to continue the noble work commenced in the year 1869. He expressed the hope that the discussions would be guided by a spirit of harmony and progress, and gave the assurance that the majority of the Augsburg Israelites were favorable toward reforms which would reconcile the Mosaic faith with the requirements of the present age.

The (confirmed) president Professor LAZARUS, who, it will be recollected, was chairman at both the Cassel Congress in 1868 and the first Synod Leipsic 1869 now adddresssed the assembly in a speech which lasted nearly an hour. It may be stated for the benefit of those who have not read the HERALD special reports in the above years, that the professor is a savant of the highest order, the founder of the important science namend "National Psychology", a much esteemed lecturer on history and philosophy at the Royal Prussian Military Acamdemy of Berlin and an orator of rare eloquence. Not over forty[49] years old, the son of a rabbi, he is versed in Talmudic science and capable of adressing his hearers in the Oriental to the Latin, English, French, or any other modern language.

Die Berichte des *New York Herald* schildern nun ausführlich die Verläufe der acht Sitzungen, wie wir sie bereits aus den Berichten der lokalen und überregionalen Zeitungen kennen. Abgesehen von

---

[49] Moritz Lazarus bereits 47 Jahre alt, wirkte zudem auf Photographien teilweise deutlich älter.

Kleinigkeiten unterscheiden sich die Tagesberichte des Herald nicht substantiell, weshalb wir hier nun auf eine neuerliche Wiedergabe verzichten können.

Beachtenswert dieses Detail zur Debatte über die Gottesdienste, in welchem der bald hiesige darauf entlassene Rabbiner womöglich *zu viel Flexibilität* unter Beweis stellte, um noch ernst genommen werden zu können:

„Rabbi Dr. Hirschfeld (Augsburg) *proposed to hold in future two kinds of worship, one to suit the orthodox and the other to suit those who attend but very seldom the synagogue. This was laid on the table."*

Schließlich noch ein paar Zeilen des New Yorker Schreibers über das feuchtfröhlich Banquet im Hotel „Drei Mohren":

THE BANQUET *given to the members of the Synod was a very creditable and pleasant affair. Though the number of Israelite families in Augsburg is small – only a little over one hundred – yet they are most all of them wealthy, and feel proud of entertaining the members of the Synod or Sanhedri*m. It is not surprising, therefore, that the solids and fluids discussed on this occasion were of the best.
In connection with fluids …
THE TOASTS *at this banquet were also highly interesting. Professor Lazarus, with words of well-mentioned praise, offered the first to the youthful King of Bavaria. Other toasts which succeeded were to the Second Synod, the City of Augsburg and the Committee of Arrangements. Rabbi Dr. Goldschmidt (Leipsic), in a beautiful address showed the correctness of Rabbi Ben Akiba's motto: "Nothing new under the sun!"*[50]
For a like Synod hat met 1.500 years ago in Usscha, *Babylonia*[51].

---

[50] Das bekannte Zitat ist wesentlich älter und stammt aus dem König Salomon zugeschriebenen Buch Kohelet (deutsch: „Sprüche" oder „Prediger"), Vers 1.9: אֵין - כל חדש תחת השמש

[51] אושא (Uscha) ein Dorf zwischen Haifa und Kinneret-See gelegen beherbergte in der Mitte des zweiten Jahrhunderts christlicher Zeitrechnung den Sanhedrin, auf den die „Neologen" mehrfach anspielten, offenkundig aber ohne es mit der Zeitrechnung oder Geographie allzu genau zu nehmen.

Rabbi Dr. Aub, a Bavarian by birth, was rewarded with endless cheers for a discourse teeming with patriotism. The learned rabbis did not forget to give a toast to the NEW YORK HERALD, *saying that it had been their stanch friend at Cassel, Leipsic and Augsburg, and that they hoped it would be so always. Of this our correspondent assured them, asking in return that they should empty glasses to the modern potentates – steam and electricity.*

... the CHAIRMAN now announced that the toast at the banquet to His Majesty the King of Bavaria having been wired to Munich, a reply had just arrived, which he would read to the assembly. It says: --"His Majesty received with much joy the assurances of love and loyalty on the part of the Synod. In thanking it he expresses the hope that the labors of this Assembly, one of the first which includes members from all sections of the newly constituted realm, labors of peace and progress, may productive of the most happy results."

Der Verfasser des süffisanten Berichtes könnte der Waliser *Henry Stanley* (1841-1904) gewesen sein, der von 1867-1878 Special-Korrespondent des New York Herald in Europa war, zuvor im Amerikanischen Bürgerkrieg als kämpfender Soldat Kriegsberichterstatter war und so die Aufmerksamkeit von James Bennet Jun., dem Herausgeber des Heralds erweckte. Stanley war ein Starreporter und reiste in ganz Europa umher. Der Nachwelt erhalten geblieben ist er, weil er im November 1871 in Tansania den verschollenen Missionar und Afrika-Forscher David Livingstone (1813-1873) ausfindig machen konnte. In der Folge festigte Stanleys Ruhm und er unternahm weitere Expeditionen in entlegene Gebiete in Afrika.

I. Jahrgang. — Pest, den 3. August 1871. — Nr. 31.

Ungarisch-jüdische Wochenschrift.

Organ für Gemeinde, Schule und Haus.

Herausgegeben von

Dr. M. Kayserling und Dr. S. Kohn.

Bericht der „Ungarisch-jüdischen Wochenschrift" aus Pest vom 24. August 1871:

Dass das Judentum „den scharfen Unterschied zwischen Geistlichen und Laien nicht kenne", ist ein Satz, den besonders unsere Zeit bei jeder Gelegenheit hervorzukehren und scharf zu betonen pflegt. Auch Herr Prof. Lazarus hat es bei Eröffnung der 2. Synode getan. Wir unterschreiben den Satz, nicht aber jene äußersten Konsequenzen, die man heut zu Tage daraus zu ziehen beliebt. Der Rabbiner ist allerdings kein „Geistlicher"; drum ist aber jeder Jude, der kein Rabbiner ist, noch immer nicht berechtigt, in religiösen Angelegenheiten ein maßgebendes Wort zu führen. Wir akzeptieren den Unterschied, den Lazarus als auch – besser vielleicht: als allein – im Judentum bestehend aufstellt, den zwischen Wissenden und Unwissenden, zwischen Kenntnisreichen und Kenntnislosen, indem wir noch ausdrücklich bemerken, dass wir die Wissenden und Gelehrten nicht nur gerade unter den Rabbinern suchen, darum aber hinter jedem Nichtrabbiner noch immer keinen Kenntnisreichen vermuten. Aber die Synode hat auch diesen Unterschied nicht gelten lassen mögen, und hierin erblicken wir schon in ihrer äußeren Zusammensetzung einen verhängnisvollen Fehler, der sich rächen musste.

Man wolle uns nicht missverstehen! Wir haben hierbei durchaus keine Persönlichkeiten im Auge, sondern einzig und allein das Prinzip: Wer will, oder von irgendeiner Gemeinde deputiert wird, kann stimmberechtigtes Mitglied der Synode werden, gleichviel, ob er zu den Wissenden oder Unwissenden, zu den Gelehrten oder Ungelehrten gehört.

Der Umstand, dass die Synode, wie es in ihrer Schlusserklärung heißt, keine andere Macht besitzt oder besitzen will, als jene, welche die Kraft der Wahrheit und des heiligen Ernstes verleiht; oder mit anderen Worten, dass sie nur eine beratende Körperschaft und keine Exekutiv ist und ihre Beschlüsse nur empfehlen, nicht aber oktroyieren kann – der Umstand, sagen wir, scheint uns hierbei mehr als gleichgültig zu sein. Im Gegenteil! Der Mensch will sich von Unberufenen in der Regel noch weniger raten als vorschreiben, von Unbefähigten noch weniger etwas empfehlen als befehlen lassen. Gerade eine Körperschaft, die nur durch ihr Ansehen und durch moralische Mittel wirken will und kann, muss sich dies Ansehen und diese Mittel von vorne herein zu verschaffen und für die Folge dauernd zu erhalten suchen. Das ist aber durch das eben erwähnte Prinzip, welches die Zusammensetzung der Synode maßgebend war, nicht geschehen. Bei Beratung hochwichtiger religiöser Fragen, die noch entschieden theologisches Wissen und geschichtliches Verständnis voraussetzen, kann mittun, wer von irgendeiner Gemeinde delegiert wurde, auch er die Befähigung dazu nicht besitzt. In der Entscheidung über Eheangelegenheiten z.B. wiegt bei der Abstimmung das Votum eines Mannes, der in diesen Dingen zu der Klasse der „Unwissenden" zählt, ebenso schwer, wie das Votum des gewiegtesten Kenners der jüdischen Geschichte und Theologie.

Ja, die Möglichkeit, dass die Unwissenden – diese Bezeichnungen beziehen sich natürlich nur auf das jüdische, speziell theologische Wissen, - denen die Synode ihre Türen sperrangelweit geöffnet hat bei Fassung eines in das jüdische Leben und in das religiöse Bewusstsein tief eingreifenden Beschlusses geradezu die Entscheidung in Händen haben, ist nicht nur gegeben, sondern sogar ziemlich nahe gelegt. Wir wollen gerne annehmen, dass sämtliche 50 Synodal-Mitglieder, die im „goldenen Saale" zu Augsburg tagten, auf der Höhe ihrer Aufgabe standen, auch jene, die keine Theologen von Fach sind; wir wollen auch bei diesen bereitwilligst das notwendige Maß der unentbehrlichen Sach- und Fachkenntnis voraussetzen, ohne dass uns davon irre machen zu lassen, dass das betreffende Verzeichnis Journalisten, Sekretäre, Kaufleute, Fabrikanten und Doctores juris aufzählt – denn, wie gesagt, wir gehören nicht zu Jenen, welche das jüdische Wissen als ausschließliches Privilegium der Rabbiner betrachten:

aber es wäre doch ganz gut möglich gewesen, dass diese Herren eben nur das gewesen wären, was ihre Titel besagen, sein, sonst aber in die Synode eben so wenig hingehören mögen, wie etwa in eine Versammlung von Ärzten, die über Präventivmaßregeln gegen die herannahende Cholera beraten sollten. Und doch haben diese in der Augsburger Synode die Majorität gebildet, so wie sie schon in Leipzig die Majorität hätten bilden können.

Ist es da zu verwundern, wenn das jüdische Publikum, Gemeinden und Private, die weniger geneigt sind, den Nichttheologen jene Befähigung zuzutrauen, die wir ihnen zugestanden haben, mit Misstrauen die Ratschläge einer Versammlung entgegennimmt, die es selber für nicht gut beraten hält. Und dass es das tut, kann man ihm offenbar nicht übelnehmen; denn es liegt klar zu Tage, dass es berechtigt ist, sein Misstrauen für ein gegründetes zu halten.

Nach der „Geschäftsordnung" der Synode sind Mitglieder derselben: 1) die von den Gemeinden deputierten Vertreter derselben, deren Zahl jeder einzelnen überlassen ist. Wie nun, wenn die Gemeinde zu Augsburg anstatt der fünf Mitglieder, die sie zur Synode deputiert hat, bei dem Umstand, dass die Herren weder Mühe noch Kosten dabei gehabt hätten, deren fünfzehn, fünfundzwanzig oder gar mehr exmittiert hätte, was zu tun sie nach obiger Bestimmung vollkommen berechtigt war? Die Herren wären alle, auch wenn sie die nötige Befähigung nicht besessen hätten, die wir bei den 5 wirklichen Deputierten der Augsburger Gemeinde voraussetzen, sitz- und stimmberechtigt gewesen. Ebenso hätte die Gemeinde Laupheim z.B. statt zweier Lehrer, 5 oder mehr Gemeindemitglieder ... schicken können; was, wir wiederholen es nochmals, ganz im Sinne der Synodal-Geschäftsordnung gewesen wäre, und in der Augsburger Synode hätte unter den obwaltenden Umständen, die Augsburger Gemeinde durch ihre Deputierte beschließen, respektive anempfehlen lassen können, was ihr beliebt hätte; ganz gewiss aber hätte sie die Synode ganz in ihrer Hand gehabt, wenn ihre Deputierten, um sicher zu gehen, sich mit einigen anderen Deputierten verständigt hätten. Ein Vorgehen aber, das solche Möglichkeiten offen lässt, von denen wir nicht untersuchen wollen, ob und wie weit sich bereits verwirklicht haben, kann unmöglich ein richtiges,

Vertrauen erweckendes sein. Wir hätten es begreifen können, wenn es sich um Organisations- oder sonst speziell um Gemeinde-Angelegenheiten gehandelt hätte; wir hätten es sogar billigen können, wenn den Deputierten der Gemeinde die Aufgaben zuerteilt worden wäre, die Stimmung und die Anschauungen ihrer Kriese wiederzugeben, ihre Ansichten zu äußern wie sich diese oder jene Bestimmung nach ihren Erfahrungen in der Praxis bewähren werde, mit einem Worte: wenn ihnen, oder doch Denjenigen von ihnen, die keine genügende Bürgschaft für ihre Befähigung bieten, ein votum consulvativum[52] *zuerkannt worden wäre. Dass aber jede Gemeinde deputieren kann wie sie will und wenn sie will, und dass diese dann, ohne Rücksicht auf ihr Wissen,* ipso facto *auf der Synode ein entscheidendes Votum, möglicherweise sogar die Entscheidung selber in den Händen haben, wo es sich um Dinge handelt, an welch selbst der gewiegteste Fachmann nicht ohne sorgfältige Vorstudien gehen kann und darf, das ist ein schwerer Missgriff, dessen böse Folgen nicht ausbleiben konnten. Dieses Vorgehen kann unmöglich gut geheißen werden; es musste den Beschlüssen der Synode, mögen sie nun wie immer ausgefallen sein, in der öffentlichen Meinung von vorn herein Abbruch tun, ihr Ansehen schwächen und ihren Einfluss lahmlegen. Wir finden es ganz natürlich, dass Männer von Stellung und Fachwissenschaft majorisiert zu werden, in welcher Laien – sit venia verbo![53] – voraussichtlich immer dem zujubeln und für den Antrag desjenigen stimmen werden, der ihnen die weitgehendsten Konzessionen macht, ohne die Berechtigung derselben näher zu prüfen oder prüfen zu können.*

Die Kernkritik der *Ungarisch-Jüdischen Wochenschrift* zielt genau auf die Zusammensetzung der Augsburger Synode, die sich, um größeren Erfolg zu finden, weiteren Kreisen öffnen wollte. Wohl weil die Zahl der Teilnehmenden trotzdem geringer ausfiel als zwei Jahre zuvor, hatte man übersehen, Regularien darüber aufzustellen, wer überhaupt und wie viele Vertreter entsenden darf. Das

---

[52] Bei einer **Konsultativabstimmung** wird abgeklärt, ob ein bestimmtes Vorhaben weiterverfolgt werden soll oder nicht. Sie ist rechtlich nicht bindend und wird nicht angefochten.
[53] Mit Verlaub gesagt, wörtlich: "dem (harten) Wort verziehen"

hatte nun auch damit zu tun, dass die Synode sich gar nicht in Konkurrenz zum Gemeindetag und seinen „bloß profanen" Alltagsgeschäften positionieren wollte, sondern sich als eine Art „geistiger Überbau" verstand. Nicht umsonst wurden Vergleiche zu den biblischen Propheten gezogen und zum antiken Sanhedrin. Diesem Selbstanspruch stand freilich in der Kritik manch organisatorischer Mangel entgegen.

Der durchweg kritische Artikel des ungarischen Magazins wurde in der Ausgabe am 31. August 1871 abgeschlossen:

„Bei den Verhandlungen der Synode selber macht sich eine auffallende Zerfahrenheit und ein befremdender Mangel an leitenden Prinzipien bemerkbar. Bei Stellung und Behandlung der verschiedenartigen Anträge können wir mit dem besten Willen kein System und keinen einheitlichen Gedanken herausfinden. Es ist auch gar nicht abzusehen, von welchen Prinzipien sich die Antragssteller, sodann aber die Synode bei Behandlung der Anträge leiten ließ. Da werden gleichgültige und hochwichtige Fragen, unbedeutende und tiefeinschneidende Reformen in bunter Abwechslung angeregt, die Ersteren oft sogar eingehender als die Letzteren behandelt und was noch auffallender ist, oft auch mit mehr Schonung und Pietät. Bei der Beschlussfassung ist bald das Herkommen, bald Opportunität, bald geschichtliche Entwicklung, bald die Tradition, bald die Bibel, bald wieder nichts von alledem, sondern die Willkür mit ihrem sic volo *maßgebend. Die Frage z.B. wie die Vorlesungen aus der Thora zu geschehen haben über welche die Geschichte schon längst entschieden hat, wurde schon in der ersten Synode mit so viel Kanteln und einer solchen Ängstlichkeit und mit der Einbringung von so vielen, zum Teil ganz willkürlichen, Anträgen und Amendements behandelt und in einer so eigenen Art und Weise entschieden, dass Dr. Hochstädter und Genossen in der zweiten Synode den Antrag stellen konnten: das Präsidium wolle –* „weil die Abstimmung über die Verteilung der sabbathlichen Bibelvorlesungen im öffentlichen Gottesdienst bei der vorigen Synode nicht bloß schwankend, sondern auch einen derartigen Beschluss zur Folge hatte, der wohl selten, zur Einführung (?) kommen dürfe" – *neuerdings eine Verhandlung darüber veranlassen. Die Verhandlungen über ein so unfruchtbares, doch jeder tieferen religiösen*

Bedeutung entbehrendes Thema wie es die Beteiligung der Braut am Trauakt ist, füllten am Vormittag des 12. Juli die ganze Sitzung aus.

Dafür wurden in der nächsten Sitzung, am Nachmittag desselben Tages, nicht weniger als fünf hochwichtige Anträge teil angenommen, teils auf andere Weise erledigt. Die selbe Versammlung, welche eine ganze Sitzung der müßigen Frage widmete, ob die Braut, nachdem sie den Trauring vom Bräutigam bekommen (hat), der Trauungsakt also eigentlich schon vollzogen ist, dem Bräutigam ebenfalls einen Ring reichen könne, und was sie dabei sprechen solle, konnte in einer anderen Sitzung, also mit dem selben Aufwand von Zeit und gründlichem Eingeben, beschließen, dass „Niemand wegen Nichtbeachtung ritualer Vorschriften als Trauzeuge abgewiesen werden könne", beschließen, dass die Ziviltrauung allein, vorausgesetzt, dass die mosaischen Verwandtschaftsgrade beachtet würden, vollgültig sei; beschließen ferner, dass das Verbot der Wiederverehelichung einer Witwe, bevor das aus der früheren Ehe entsprossene Kind das zweite Lebensjahr zurückgelegt hat (מנקת חברו), dahin zu beschränken sei, dass sie nur bis zum zurückgelegten ersten Lebensjahr des Kindes zu warten habe, und endlich, dass der Usus, an gewissen als unheilbringend bezeichneten Tagen, speziell in der Zeit zwischen dem Pessach- und Schawu'ot-Fest und in den sogenannten „drei Wochen" keine Trauung zu vollziehen aufgehoben sei. Dabei wurde noch in derselben Sitzung ein nachträglich von dem Antragsteller (Geiger) selber zurückgezogener Antrag, auf den wir noch zurückkommen, diskutiert, so wie ein anderer, nicht minder schwerwiegender, die Mischehen zwischen Juden und Christen betreffend über Vorschlag der Kommission von der Tagesordnung abgesetzt, „da keine Diskussion gegenwärtig opportun" sei. Hier hat sich also die Synode auf den Opportunitäts-Standpunkt gestellt, was sie sonst wieder unterlassen hat, so oft sie auch dringende Veranlassung dazu gehabt hätte. Endlich aber hat sich die Synode in vielen Fragen überstürzt, in manchen das Maß des zulässigen weit überschritten. Wir haben hierbei nicht nur die von der Synode angenommenen, sondern auch die dort gestellten Anträge im Auge. Im Eingang zu Anhang II. der „Verhandlungen der ersten israelitischen Synode zu Leipzig" wird zwar bemerkt, „dass die erste israelitische Synode eine Verantwortung nur für die gefassten Beschlüsse trägt, für jeden nicht erledigten oder vollends gar nicht zur Verhandlung gelangten Antrag aber fällt die Verantwortung einzig und allein dem Antragsteller zu."

Das ist alles ganz schön und mag nach Geschäftsordnung der Synode, vielleicht auch nach streng juridischen Anschauungen, ganz richtig sein; faktisch aber ändert diese Erklärung an der Sachlage gar Nichts, und dürfte sich als nur wenig geeignet herausstellen, den schlechten Eindruck zu verwischen, den mancher an der Synode gestellte Antrag hervorgerufen hat. Eine Versammlung, welche einen Antrag stellen lässt und ihn diskutiert, hat eben dadurch die Berechtigung desselben im Prinzip anerkannt, ob sie ihn nun annimmt oder nicht. Es gibt aber gewissen Anträge, die als solche gar nicht hätten behandelt werden dürfen, weil sie gegen das Grundprinzip des Judentums verstoßen, sodann aber auch faktisch undurchführbar sind und endlich den zahlreichen prinzipiellen Gegnern der Synode die erwünschten Angriffspunkte bieten, um die Institution als solche in der öffentlichen Meinung zu diskreditieren.

Solchen Anträgen begegnen wir aber schon unter den von der ersten Synode der „Kommission für eherechtliche Sachen" zugewiesenen von Wechsler, Lehmann, Fürst und Geiger. Ein richtigeres und praktischeres Vorgehen wäre unserer Ansicht nach gewesen, zur Verhütung solcher Vorgänge, von vornherein eine Kommission zu ernennen, welche die einlaufenden Anträge vorher zu prüfen und zu entscheiden hätte, ob sie der Synode überhaupt vorgelegt werden sollen oder nicht. Aber Anträge stellen, die der Einbringer derselben nachträglich zurückziehen muss, „weil er missverstanden sei", oder gar solche, von denen dieser von vorn herein überzeugt sein musste, dass die Synode sie nicht annehmen werde, und in Folge dessen gleich selber hinzufügen muss, eventuell, „falls die Versammlung diesen Beschluss als zu weitgehend vorläufig noch nicht belieben sollte" – das heißt offenbar: in hochwichtigen Fragen sich überstürzen. Anträge stellen, welche nacheinander, sogar gegen das klare Bibelwort verstoßen – das heißt unstreitig: das Maß des Zulässigen überschreiten, weil sich die Synode dadurch selber jeden festen religiösen Boden entzieht. Eines solchen aber kann keine Körperschaft entraten, welche im Namen und im Interesse einer positiven Religion berät.

Wir gestehen, dass wir einen Antrag, wie den Geigers, der in Ländern, wo die Ziviltrauung staatlich festgestellt ist, „jeder anderen wenn auch in dem Herkommen begründeten Trauung jede irgendwelche Verbindlichkeit abspricht" für unmöglich gehalten hätten, läge er uns im „Synodalblatte" nicht gedruckt vor. Der von staatswegen vorgeschriebenen Ziviltrauung die alleinige *Berechtigung zu vindizieren und der* jüdisch-religiösen *„jede irgendwelche Verbindlichkeit abzuprechen", das hätten wir von einer Versammlung von Juristen und Staatmännern begriefen können; ganz unbegreiflich aber ist es uns, wie ein solcher Antrag in einer jüdischen Synode auch nur gestellt werden konnte.*

Die Institution der Synode an sich hätte, als eine zeitgemäße, eine große und richtige Aufgabe zu lösen gehabt. Der Versuch, sie zu lösen, ist offenbar ungünstig ausgefallen.

Die Zusammensetzung der Synode, Mangel an klaren, leitenden Prinzipien und ein überstütztes, maßloses Vorgehen waren die drei Faktoren, welche dieses ungünstige Resultat notwendig herbeiführen mussten. "

Das nun war Kritik der ungarisch-jüdischen Wochenschrift, die der Idee der Reform sehr aufgeschlossen und wohlwollend gegenüberstand. Wie sollte da das Fazit der orthodoxen Gegner ausfallen, welche die Leipziger Synode schon für eine Katastrophe hielten und die Augsburger Folgeveranstalltungbereits im Vorfeld in Bausch und Bogen verbal in den Boden stampften?

Man konnte es ahnen, dass kein gutes Haar an der Zusammenkunft und ihren Beschlüssen gelassen werden konnte. Doch wie stark würde die Verdammung ausfallen? Wie würde sie fassbar werden und mit welchen genauen Konsequenzen für die weitere Entwicklung des Judentums? Es gab doch bereits Stimmen, die der Spaltung des Judentums das Wort redeten, jenes Judentums, dass Jahrhunderte der Verfolgung in Europa weitgehend geschlossen überstanden und heftige interne Konflikte immer wieder verstand zu integrieren und so beizulegen.

XII. Jahrgang. №̃ 30.

Der Israelit.

Ein
Central-Organ für das orthodoxe Judenthum.
Herausgegeben von
Dr. Lehmann in Mainz.

Mittwoch, den 26. Juli 5631 (1871).

Wie schon vor und während der Augsburger Synode berichtete der Israelit als Sprachrohr des orthodoxen, klassischen talmudischen Judentums auch noch im Nachgang in mehreren Ausgaben sehr prominent mit zahlreichen Leiartikeln und Berichten, Beilagen, und dergleichen von der umstrittenen Zusammenkunft in der Stadt an Lech und Wertach. Dies geschieht wie zu erwarten war alles andere als zimperlich.

Leitender Artikel.

Die sogenannte zweite israel Synode.

Aus Schwaben. Die Augsburger Synode, resp. die etwa 20 Rabbiner derselben, — denn die Advocaten, Journalisten und Negozianten, die großentheils öffentliche Sabbat-Entweiher rc. sind, interessiren uns als Juden nicht, — haben also das schriftliche und mündliche Gesetz תורה שבכתב ושבעל פה öffentlich abgeleugnet! מצות חליצה aus der Thora gestrichen und Sabbat-Entweiher, Trephot-Verzehrer, überhaupt alle Religions-

„Der Israelit", 26. Juli 1871:

Leitender Artikel: Die sog. zweite israelitische Synode:

„**Aus Schwaben**. *Die Augsburger Synode, resp. die etwa 20 Rabbiner derselben – denn die Advocaten, Journalisten und Negozianten, die größtenteils öffentlich Sabbat-Entweiher sind, interessieren uns als Juden nicht, – haben also das schriftliche und mündliche Gesetz* תורה שבכתב ושבעל פה *öffentlich abgeleugnet!* מצות חליצה *aus der Thora gestrichen und Sabbat-*

Entweiher, Trephot-Verzehrer,[54] *überhaupt alle Religionsübertretende als Trauzeugen für zulässig erklärt,* מנקת חברו ה' *abgeändert und* ה' עגונה *aufgehoben! – Die Adler und Löw, die Geiger und Aub, bis zum Fellheimer Koscher-Brief-Händler, haben sich also total außerhalb des gläubigen Judentums gestellt und sind nach der bekannten Erklärung der 133 Rabbiner unfähig, irgendwelche Funktion in Israel*[55], *die durch einen gläubigen Israeliten verrichtet werden muss, zu vollziehen: nicht bloß alle rabbinischen Amtshandlungen derselben sind* **null und nichtig***, sondern sie haben alle und jegliche Glaubwürdigkeit in religiösen Dingen eingebüßt, indem sie die Göttlichkeit der Thora und deren Unabänderlichkeit verleugnen. Der „Israelit" dürfte demnach – nach meiner unmaßgeblichen Ansicht – die sämtlichen Namen der Herren Synodal-Rabbiner zusammenstellen und die obgedachte Erklärung der 133 Rabbinen neuerdings veröffentlichen, um jedem Glaubensgetreuen das Mittel an die Hand zu geben, von diesen Herren officiell in religiösen Angelegenheiten sich losmachen zu können. Denn die Politik jener Leute ist leicht zu durchschauen; sie beabsichtigen hauptsächlich der Behörde gegenüber ihre ungläubige, verderbliche Richtung als „Synodal-Beschlüsse" geltend machen zu können. Nun ist zwar diese Richtung den Behörden nicht unbekannt, dennoch dürfte es zweckmäßig sein, durch obgedachte Erklärung die Rabbiner der Synode als „nicht auf dem Boden des Judentums sich befindend" festzustellen. Diese Leute mögen dann* [56] כל התורה כולה *für antiquiert erklären, was allerdings völlig Consequenz wäre; von der Gesamtheit Israels haben sie sich schon jetzt im Galuben und Wandel losgesagt. – Um übrigens* [57] דן לכף זכות *zu sein, möchten wir doch die edle Absicht vermuten, diese Leutchen möchten eben das* כולו חייב *und dadurch* [58] התקרבות הגאולה *herbeiführen! In der Tat, soweit es von jenen Persönlichkeiten abhängt, kann dieser erhabene Zeitpunkt nicht mehr ferne sein. Das Merkmal jener Epoche, der höchste Grad des von unsern heiligen Weisen am Schlusse von* [59] מס' סוטה *geweissagten* [60] חוצפא יסגא *„die Frechheit wird*

---

[54] Esser nicht koscherer Speisen.

[55] Meint hier wieder das *Volk Israel*, also die Juden

[56] Die ganze Tora insgesamt

[57] auf dem rechten Weg

[58] das Nahen der Erlösung

[59] masechet sota, das Traktat *Sota* im Talmud

[60] „Zunahme der Unverschämtheit"

überhand nehmen", *hat den Gipfelpunkt erreicht, und wir können der Zukunft getrost entgegensehen.*

Indem wir dem Wunsche unseres geehrten Correspondenten nachkommen, setzen wir die in Nr. 22 des Jahrgangs veröffentlichte, von 133 der bedeutendensten Rabbinen Europas erlassene „Erklärung" hierher:

Erklärung

Angesichts mannigfacher, in neuerer Zeit vorgekommener Angriffe gegen das jüdische Ehegesetz, Angriffe, welche dazu angetan sind, die Reinheit jüdischer Familien zu vernichten, erklären die Unterzeichneten:

1) *Rabbinen, Prediger, oder andere Israeliten, welche eine biblisch oder rabbinisch verbotene Ehe einsegnen, ferner solche, welche das eine oder andere biblische oder rabbinische Eheverbot für nicht mehr verbindlich ausgeben, endlich solche, welche sich Versammlungen anschließen, zu deren Zwecke eine Infragestellung der Gültigkeit jüdischer Eheverbote gehört, - alle diese sind unfähig, irgendwelche rabbinische Funktionen zu vollziehen.*

2) *Es wird daher ein jeder Gottesfürchtige Israelit davor gewarnt, von solchen Individuen Trauungen, Ehescheidungen, Chalizah, etc. vornehmen oder anordnen zu lassen.*

3) *Schochtim und Sophrim, welche lediglich auf Grund der Autorität solcher Rabbinen ihre Funktionen ausüben, ohne dass ihre Würdigkeit und Tüchtigkeit hierzu von einem gesetzestreuen Rabbiner konstatiert wäre, sind als unautorisiert zu betrachten.*

4) *Die israelitischen Gemeinden sind verpflichtet, dahin zu wirken, dass solche - sub 1 - näher bezeichneten Rabbiner und Prediger ihres Amtes enthoben werden. Im Falle, dass die gesetzestreuen Mitglieder einer Gemeinde in der Minorität sind und die Entfernung solcher Rabbiner vom Amte nicht erwirken können, sind dieselben verpflichtet, für eine anderweitige gesetzestreue Handhabung des Rabbinats Sorge zu tragen, selbst wenn sie dadurch veranlasst sein sollten, aus dem bisherigen Gemeindeverbande ausscheiden zu müssen.*

Im Monat Ijor 5630

Adler, A., Distr.-Rabbiner zu Aschaffenburg.
Adler, J. G., Distr.-Rabb. zu Burgpreppach.
Adler, Immanuel, Distr.Rabb. zu Mainbernheim.
Auerbach, Dr. B. H., Rabb. zu Halberstadt.
Auerbach, Dr. A., Ober-Rabb. zu Bonn.
Bamberger, Sam., Rabb. zu Creuznach.
Bamberger, Seligmann Bär, Districts-Rabbiner zu
    Würzburg.
Bamberger, Simon, Distr.-Rabb. zu Fischach.
Bamberger, Salomon, Stifts-Rabb. zu Sulzburg.
Bamberger, Moses Löb, Distr.-Rabb zu Kissingen.
Berlinger, H., pens. Rabb. zu Berlichingen.
Bernfeld, J. H., Rabb. zu Irsa, Ung.
Bernstein, S. L., Ober-Rabb. zu Haag, Holland.
Berlinger, Rabb. zu Braunsbach.
Billitzer, Isak, Bez.-Rabb. zu Nagy-Ida.
Breiner, Bendikt, Distr.-Rabb. zu Sarvar, Ungarn.
Borchardt, M., Rabb. zu Czempin.
Büchler, David, Ober-Rabo. zu Pasztó, Ung.
Büchner, Aron, Ober-Rabb. des Comitates Jaszigien
    zu Jászbereny.
Caro, H., Kreis-Rabb. zu Löbau, Westpreußen.
Caro, A., Rabb. zu Pinne, Prov. Posen.
Caro, N., Rabb. zu Schrimm.
Caro, Samuel Isai, Rabb. zu Zempelburg, Wands-
    burg und Kamin.
Caro, N., Rabb. zu Bentschen.
Cohn, Dr. Salomon, Großh. Mecklenb.-Schwerinischer
    Landesrabb.

Cohn, **Dr. Ahron**, Rabb. zu Nakel.

Content, I. M., Rabb.-Assessor zu Amsterdam.

Deutsch, D., Rabb. zu Sohrau, Oberschlesien.

Deutsch, David, Ober-Rabb. zu B.-Gyarmath.

Deutsch, Salomon, Comitats-Rabb. zu Ipolysag, Ung.

Deutsch, M. L., Rabb. zu Zilas Volhas, Ung.

Diamant, **Dr. Moritz**, Rabb. zu Losoncz.

Dreyfuß, Bez.-Rabb. zu Sulzburg.

Düvenu, Bez.-Rabb. in Szill-Somogy, Ung.

Ettlinger, I., Ober-Rabb. zu Altona.

Ettlinger, L., Bez.-Rabb. zu Mannheim.

Enoch, **Dr.**, Provinzial-Rabb. zu Fulda.

Epstein, M., Rabb. in Schwarza, Thüringen.

Enoch, **Dr.**, Provinzial-Rabb. zu Fulda.

Epstein, M., Rabb. in Schwarza, Thüringen.

Feuchtwang, **Dr.**, Rabb. zu Nikolsburg.

Fischmann, F., Sub-Rabb. zu Preßburg.

Frenkel, **M. Dr.**, Kreis-Rabb. zu Witzenhausen.

Fraenkel, **Dr. Dan.**, Rabb. zu Rybnik, Schlesien.

Freund, Samuel, Oberjurist zu Prag.

Freymann, **Dr.**, Rabb. zu Filehne.

Frieden, Moses, Rabb. zu Chodziesen.

Frieden, P. L., Ober-Rabb. zu Comorn.

Fromm, S., Rabb. zu Homburg v. d. Höhe.

Ganzfried, Salomon, Rabbinats-Assessor zu Ungvar.

Goitein, E. M., Rabb. zu Högyesz, Ung.

Goldmann, Kreis-Rabb. zu Eschwege.

Guttmacher, Elias, Rabb. zu Graetz.

Haas, Distr.-Rabb. zu Welbhausen.

Hildesheimer, **Dr. Israel**, Rabb. der Adaß Jisroel
zu Berlin.

Hirsch, Rabb. der israelitischen Religionsgesellschaft zu
Frankfurt a. M.

Hirsch, I. S., Rabbinatsverweser zu Amsterdam.

Isaacssohn, **Dr. Joseph**, Ober-Rabb. zu Rotterdam.

Josaphat, G., Rabb.-Assessor zu Halberstadt.

Kahn, **Dr. L.**, Rabb. der israel. Religionsgesellschaft
zu Wiesbaden.

Kalischer, Hirsch, Rabbinatsverwalter zu Thorn.

Karpeles, Elias, Rabb. zu Loschitz in Mähren.

Klein, Salomon, Rabb. zu Zenta, Ung.

Klein, Joseph, Rabb.-Assessor zu Szerdahely.

Knöpfmacher, Joseph, Rabb.-Assessor zu Nikolsburg.

Kobak, Dr. J., Distr.-Rabb. zu Bamberg.

Kohn, Moses L., Rabb.-Assessor zu Nikolsburg.

Kohn, C. H., Bez.-Rabb. in Duna-Földvár, Ung.

Kohn, Moses, Bez.-Rabb. in Péczel, Ung.

Kuttna, Aron, Ober-Rabb. zu Totis, Ungarn.

Kuttna, M. L., Rabb. zu Theresiopl, Ung.

Kuttna, Sal., Bez.-Rabb. zu Kaposvàr, Ung.

Lange, J. M., Rabb.-Assessor zu Halberstadt.

Landesberg, J. A., Ober-Rabb. zu Gr.-Wardein.

Lehmann, Dr. M., Rabb. der isr. Religionsgesellsch. zu Mainz.

Liber, Nathan Wolf, Sub-Rabb. zu Preßburg.

Liberles, Bez.-Rabb. zu Bretten, Baden.

Lipschütz, Dr., Ober-Rabb. zu Debreczin.

Lipschitz, N., Ober-Rabb. zu Ab. Szanto.

Lichtenstein, A. J. Bez.-Rabb. zu T. Beö, Ung.

Löw, Jeremias, Ober-Rabb. zu S. a. Ujhely.

Löb, Dr., Rabb. zu Ichenhausen, Bayern.

Löwinger, Samuel, Rabbinats-Assessor zu Sarvar.

Nathansohn, J. S., Rabb. zu Lemberg.

Neustadt, Dr. P., Prediger zu Breslau.

Nobl, J., Rabb. zu N. Adàt, Ung.

Ossad, Ahron Samuel, Ober-Rabb. zu Szerdahely.

Ottenjoser, Lazarus, Rabb. zu Höchberg.

Pickard, E., Rabb. zu Randegg.

Pollak, Joachim, Rabb. zu Trebitsch, Mähren.

Pollak, L., Rabb. zu Inowraclaw, Preußen.

Popper, Dr. S., Rabb. zu Czarnikau.

Rapoport, Israel, Kreisrabb. zu Tarnov.

Rehfisch, S., Rabb. zu Kempen.

Rosenbaum, M. L., Sub-Rabb. zu Preßburg.

Rothschild, Rabb. zu Müllheim, Baden.

Rosenfeld, Baruch, Rabb. in Gollub (Westpr.)

Salzer, Dr., Distr.-Rabb. zn Schnaittach.

Salvendi, Dr., Bez.-Rabb. zu Dürkheim a. d. H.

Sieger, Carl, Rabbinats-Assessor zu Sarvar.
Silbermann, L., Rabb., Redacteur des „Hamagid", Lyck, Preußen.
Skutsch, Isaac P., Distr.-Rabb. zu Treuchtlingen.
Schüller, Joseph, Rabb. zu Wodeian, Böhmen.
Schwarzstein, A. L., Bez.-Rabb. zu Simonyi.
Schneidemühl, Hirsch, Rabb. zu Chornik.
Schön, M. B., Rabb. auf der Wieden (Wien).
Schick, Moses, Ober-Rabb. zu Hußt, Ung.
Schlesinger, Philipp, Bez.-Rabb. zu Gr.-Tapolcsany, Ungarn.
Schreiber, S. W., Ober-Rabb. zu Preßburg.
Schreiber, S., Ober-Rabb. zu Krakau.
Schwarz, H., Rabb. in Lyck, Preußen.
Schwarz, H., Rabb. zu Hürben.
Schwarzschild, Kreis-Rabb. zu Schlüchtern.
Stern, A., Ober-Rabb. zu Hamburg.
Stiebel, Dr., Prediger zu Schrimm, Prov. Posen.
Stein, Levi, Rabbinatsverweser zu Papa.
Stein, Pinkas, Bez.-Rabb. zu Török Szt. Miklós, Ung.
Strauß, J., Kreis-Rabb. zu Rotenburg a. F.
Sänger, Jonas, Rabb. zu Buttenwiesen.
Tachauer, Isak, Rabbinatsverweser zu Eisenstadt.
Veilchenfeld, Moses, Rabb. zu Rogasen.
Ullmann, Friedrich, Ober-Rabb. zu Waitzen, Ung.
Ungar, A. H., Bez.-Rabb. zu Köbagyo-Eörs, Ung.
Waelder, Salomon, Rabb. zu Schönlanke.
Weiskopf, David S., Distr.-Rabb. zu Wallerstein.
Weiskopf, M. D., rabbin de la société des études talmudiques à Paris.
Wetzlar, Kreis-Rabb. zu Gudensberg.
Weiße, Joseph, Bez.-Rabb. zu Wagnenstadtl.
Wißmann, Löb, Distr.-Rabb. zu Schwabach.
Wolff, Dr. A. A., königl. dän. Ober-Rabb., R. v. D., zu Kopenhagen.
Wormser, Dr. S. S., Bez.-Rabb. zu Weilburg.
Wormser, Distr.-Rabb. zu Gersfeld.
Wälder, Bez.-Rabb. zu Laupheim.
Zoref, Israel, Rabbinats-Assessor zu Szerdahely.
Zwebner, Araham, Rabb. zu Korbersdorf.

Was nun die sogenannte zweite Synode betrifft, so zählte dieselbe 51 Mitgleider, unter welchen sich 19 Rabbinen oder Prediger, 1 Exrabbiner und 1 Rabbinatscandidat befanden, also im Ganzen 21 „Geistliche". Wir wollen diese hier namhaft machen und die gesetzestreuen Minoritäten innerhalb derselben bitten, ihre Pflicht zu tun, nämlich dahin zu wirken, dass diese Leugner und Verletzer der göttlichen Lehre – insoweit sie sich im Amte befinden – ihres Amtes enthoben werden, und wenn dieses nicht zu ermöglichen, dafür Sorge zu tragen, dass die gesetztreuen Israeliten sich von diesen Pseudorabbinen vollständig lossagen. Die Herren heißen:

Dr. Fürst, Rabbiner in Bayreuth.
Dr. Wiener, Rabbiner in Oppeln.
Dr. Goldschmidt, Rabbiner in Leipzig.
Seligsberg, Rabbiner in Fellheim.
Dr. Geiger, Rabbiner in Berlin.
Dr. N. Brüll, Rabbiner in Frankfurt a. M.
Dr. A. Brüll, Rabbinatscandidat.
Dr. Höchstädter, Bezirksrabbiner in Bad Ems.
Löw, Rabbiner in Szegedin.
Witt.-Höfer, Rabbiner in Floß.
Dr. Engelbert, Rabbiner in St. Gallen.
Dr. Wassermann, Rabbiner in Mühringen.
Dr. Dreifuß, Landesrabbiner in Meiningen.
Dr. Silberstein, Rabbiner in Buttenhausen.
Wechsler, Landesrabbiner in Oldenburg.
Dr. H. Vogelstein, Rabbiner in Pilsen.
Dr. Grünebaum, Bezirksrabbiner in Landau.
Dr. Auß, Rabbiner in Berlin.
Dr. Adler, Landesrabbiner in Cassel.
Dr. Hirschfeld, Exrabbiner von Augsburg.
Weimann, Rabbiner in Buchau.

Wie man es dreht und wendet, so bleibt es doch bemerkenswert, dass Jakob Hirschfeld als Rabbiner der gastgebenden Gemeinde nicht nur in der Liste der landesweit gebannten Syonodal-Rabbiner auftaucht, sondern dass er darüber hinaus dann auch noch von der eigenen Gemeinde entlassen wurde. Hinzu kommt, dass sich unter den 133 Rabbinern, die den Bann unterschrieben, alle relevanten Rabbiner der Region befanden, allesamt persönlich bekannt mir Rabbiner Hirschfeld und oft zu Gast in Augsburg: Distriktrabbiner Simon Bamberger[61] aus Fischach, Rabbiner Lazarus Löb[62] aus Ichenhausen, Rabbiner Chaim „Hayum" Schwarz[63] aus Hürben, Jonas Sänger[64] aus Buttenwiesen, Distriktrabbiner David Weiskopf[65] aus Wallerstein, Distriktrabbiner Seligman Bär Bamberger,[66] es findet sich auch Distriktrabbiner *Isaak Skutsch*[67], gebürtig aus Kriegshaber bei Augsburg, wo sein Vater und Großvater Rabbiner waren und seine Schwester mit deren Nachfolger Aaron Guggenheimer (1793-1872) verheiratet war.

Die Ausgabe vom 2. August 1871 präsentierte einen weiteren Leitartikel zur ungeliebten Augsburger Synode:

Mainz 25. Juli - Die sogenannte zweite israelische Synode

Unsere geehrten Leser mögen nicht ungeduldig darob werden, dass wir uns seit einigen Wochen so eingehend mit der Augsburger Synode beschäftigen. Dieselbe ist ein derartiger Triumph für das orthodoxe Judentum, das Fiasko, die Lächerlichkeit, der Schwindel, die in Augsburg zu Tage getreten, sind so augenscheinlich, dass es unverzeilich wäre, wenn nicht in ausgiebigster Weise das Alles an's Licht gestellt würde.

---

[61] *Simon Bamberger* (1832-1897), war Rabbiner in Aschaffenburg und Fischach und der Sohn des berühmten Würzburger Ravs Seligmann Bär Bamberger.

[62] *Lazarus Löb* (1835-1892), von 1861 bis 1873 Rabbiner in Ichenhausen, danach bis 1890 orthodoxer Oberrabbiner in Altona (Hamburg)

[63] *Hayum Schwarz* (1800-1875), wirkte 48 Jahre lang als Rabbiner in Hürben.

[64] *Jonas Jontef" Sänger* (1802-1880), war seit 1831 Rabbiner in Buttenwiesen.

[65] *David Weiskopf* (1798-1882), Schüler von Abraham Bing, seit 1847 Rabbiner in Wallerstein, zog 1876 zu seinem Schwiegersohn Marx Kohn nach Kleinerdlingen.

[66] *Seligmann Bär Bamberger* (1807-1878), seit 1840 in Würzburg und wichtiger Vertreter der damaligen Orthodoxie.

[67] *Isaak Skutsch* (1800-1873), Sohn des Kriegshaber Rabbi Pinchas Skutsch. Rabbi Isaak war von 1826 bis zu seinem Tod Rabbiner in Treuchtlingen.

Nach dem Zugeständniss der Teilnehmer selbst, die darüber in den Reform-Zeitschriften berichten, war die Stimmung derselben eine gedrückte. In der ersten Leipziger Synode hatte man sich in großen Erwartungen hingegeben; man hatte sich eine ecclesia magna (כנסת הגדולה) gedünkt. Was die Reform-Rabbinen nicht gekonnt hatten, das hatten die Laien vollbringen sollen: das alte Judentum hatte hinweggehoben, ein neues geschaffen werden sollen. Hochklingende Phrasen waren in die Welt geschleudert, und das Resultat war gleich Null geblieben. In der einzigen Gemeinde Wien hatte man den Versuch gemacht, die Synodal-Beschlüsse zur Geltung zu bringen, und der Versuch war gescheitert; ein einziger Rabbiner (Heß in Eisenach) hatte, sich auf die Synodal-Beratungen stützend, eine blutschänderische Ehe eingesegnet und dadurch die Entrüstung der ganzen Welt hervorgerufen. Was Wunder, dass nur wenige und unbedeutende Menschen in Augsburg zusammenkamen, um der Leipziger Fehlgeburt eine Augsburger Missgeburt zur Seite zu stellen!

„Hier in Augsburg", berichtete ein Haupthahn der Reformhühnersteige, „sah man einige Herren, die nicht da waren, und das musste verstimmend wirken".

Vor Allem ist es Herr Philippson von Bonn, dessen Abwesenheit bitter empfunden wurde. Herr Ph.[68] hat Gesundheitsrücksichten vorgeschützt; aber die Herren Gesinnungsgenossen galuben's ihm nicht; sie behaupten, es seien kleinliche, eitle Motive, die ihn fernhalten.

Wer war denn aber erschienen begründen?

Die 21 Rabbinen, Exrabbinen und Rabinatskandidaten, die wir in der vorigen Nummer namentlich aufgeführt (hatten), bieten an Intelliegenz und Wissenschaft sehr wenig Ausbeute. Es sind nur zwei darunter, die einen Namen haben: Geiger aus Berlin und Löw aus Szegedin, beide zu bekannt, als dass wir es erst nötig hätten, sie zu charakterisieren. Die Aub,

---

[68] Die Rede ist von *Ludwig Philippson* (1811-1889), Schriftsteller, Publizist und Rabbiner, dessen Vater Moses in Dessau eine hebräische Druckerei betrieb. Von 1837 bis zu seinem Tod gab er die „Allgemeine Zeitung des Judentums" heraus, die als wichtigste Stimme der Reformbewegung galt. 1868 gab Philippson, der als „Vater der Reform" galt, den Impuls zur Rabbiner-Versammlung von Kassel, dem Vorgänger der Leipziger Synode des Folgejahres. 1859 verfasste er eine eigene Übersetzung der jüdischen Bibel aus dem Hebräischen ins Deutsche.

Fürst, Seligsberg, Weimann, Hirschfeld, Vogelstein, etc. kann man wohl nicht nennen ohne zu lächeln. Welche Pygmäen, welche Reformatoren!

Und nun müssen wir uns auch den Troß ein wenig ansehen, die Laienmitglieder der Synode. Welche Namen! Welche bedeutende Männer! Gumplowitz, Klingenstein, Krämer, der noch immer grüne, 81jährige, pensionierte Lehrer Tannenbaum, usw., lauter Männer von Wissenschaft, Autorität, Frömmigkeit und weltenweiter Gelehrsamkeit. Wer kennt nicht Bettmann aus Nürnberg, Feist[69] aus Augsburg, Flesch aus Oettingen? Du kennst sie nicht, lieber Leser? Du kennst sie wirklich nicht? Nun, wir kennen sie auch nicht. Das tut aber wohl ihrem reformatorischem Beruf keinen Eintrag. Aber schändlich ist es, dass solche Menschen ohne Namen, ohne Ruf, ohne Bedeutung, ohne Mandat sich den stolzen Namen einer israelitischen Synode beilegen, es wagen, unter diesem usurpierten Namen an den König von Bayern zu telegraphieren und in so unverantwortlicher Weise den endelmütigen Souverän eines ganzen Landes zu täuschen!

Unter den Laien der sog. Synode ist nur einer der Geist und Kenntnisse besitzt: Professor Lazarus aus Berlin, und dieser benützt den stultum vulgus,[70] den blöden Haufen der Synodler, um aus ihnen ein Piedestal[71] für seine Größe zu machen. Professor L., ein geistreicher Mann und gewandter Redner, in den Künsten der Sophistik wohlerfahren, weiß aus Allem Alles zu machen. Er ist's, der dem Ganzen noch einen kleinen Anstrich, ein bischen Glanz verleiht. „Was wir ohne ihn wären, wir wissen es nicht!" sagten die Synodler Einer zum Anderen. Er ist der Abimelech der Männer von Schechem-Augsburg.[72] Die Zedern und Rosenbüsche[73] von Schechem-Augsburg haben den Dornbusch Lazarus zu ihrem ewigen Präsidenten

---

[69] *Heinrich Feist* (1825-1903) aus Kriegshaber, war Mitinhaber der Schnittwarenhandlung Gebrüder Feist & Götz, dessen Geschäftsaktivität mit der Übernahme eines Hucker-Betriebs begonnen hatte, d.h. seine Firma bot Hilfstransporte für Baufirmen an. Er war mit Fanny, der Tochter von Heinrich und Therese Obermayer verheiratet. In Kriegshaber war er zeitweilig Vorsänger der jüdischen Gemeinde.

[70] Latein: törichte Masse

[71] Sockel, erhöhtes Gestell im Zirkus

[72] Eine Anspielung auf den biblischen Richter Abimelech aus dem Buch der Richter, der ein tragisches Ende nimmt.

[73] Sicher auf Salmon Rosenbusch, dem Vorsitzenden der IKG Augsburg gemünzt.

ernannt: aber die Männer der Synode sind am Ende nur ein undankbares Volk. Sie werden Lazarus bei Seite schieben wie sie Philippson bei Seite geschoben (haben). Dann wird ein Feuer ausgehen vom Berliner Dornbusch und wird verzehren die Zedern von Augsburg, und Feuer wird ausgehen von den Rosenbüschen und anderen Bäumen (Grünebaum, Tannenbaum) und wird verzehren den Dornbusch Lazarus. Das wird das Ende der Reform-Synoden sein.

In der Eröffnungsrede des Herrn Prof. Lazarus klang schon die Ahnung des zukünftigen Endes hindurch. Hören wir ihn selbst:

„Ein Gefühl tiefer Wehmut" sagte Herr Lazarus zu seinen Mit-Synodlern, „beschleicht mich, wenn ich auf Sie blicke. Die Zahl der zur Synode Versammlten ist kleiner geworden. Wir hatten in Leipzig gehofft, die Zahl müsse beträchtlich steigen – sie ist nicht gestiegen. Wir hatten geglaubt, da draußen würden Alle darauf harren, welche Töne herausklingen werden aus dem paradiesischen Leipzig. Wir sind aus diesem Paradiese vertrieben. Wir haben gesehen, dass die Gemeinden nicht zu dem jauchzen, was wir gesagt haben, nicht auf das harren, was wir sagen werden; man hört nicht nach uns, man sieht nicht nach uns."

Wahrlich, diese Überzeugung, vom Präsidenten der Versammlung ausgesprochen, ohne dass sie irgendwo Widerspruch gefunden (hat) – das ist der Anfang vom Ende.

Dieser Überzeugung gemäß hätten die Herren die Versammlung sofort schließen und ruhig nach Hause gehen sollen. Dass sie es nicht getan haben ist sicherlich ein bedeutender, unverantwortlicher Fehler, eine nicht genug zu rügende Inconsequenz. Ihr wisst es ja selbst und sprecht es aus, dass Niemand etwas von Euch und Eueren Reformen wissen will, dass man das nicht beachtet, was Ihr beschlossen habt, und aus das nicht achtet, was Ihr beschließen werdet – und dennoch verhandelt und beschließt Ihr, zerstört und vernichtet, verhöhnt und verletzt Gottes heilige Gebote, ohne Anlass, ohne Bedürfnis, ohne Mandat! Seid Ihr nicht Narren und eingebildete Toren selbst von Euerem eigenen Standpunkt aus? Als vor 25 Jahren die sogenannten Rabbinerversammlungen tagten, da glaubten doch jene Männer selbst daran, dass ein Bedürfnis vorläge. Ihr aber, Ihr wisst, Euer Tun ist Torheit, Euere Zeile sind nichtig, Euere Mittel sind gleich Null. Euere Beschlüsse sind ohne Bedeutung und ohne Folgen – und dennoch begeht Ihr die unendliche Lächerlichkeit, Synode zu spielen? Welchen zweck, wel hes Zeil könnt Ihr bei alle dem haben? Doch keinen anderen als den: Gottes heiliges Gesetz öffentlich zu verhöhen und Seinen heiligen Namen öffentlich zu entweihen! O schämt Euch, schämt Euch!

Über die Anträge, Beschlüsse und Discussionen haben wir bereits ausführlich berichtet. Nachzutragen haben wir noch, dass Rabbiner Wassermann aus Mühringen einen Antrag auf Revision des Schulchan Aruch gestellt hatte. Dagegen sprach Szanto, der Redacteur der „Neuzeit" aus Wien. „Was", sagte er, „Ihr wollt den Schulchan Aruch revidieren, wollt statt des dickleibigen (sic!) einen dünnen Schulchan Aruch haben? Wir aber, wir wollen gar keinen Schulchan Aruch haben, keinen dickleibigen und keinen dünnen!"

Diese Worte erfreuten sich derart der allgemeinen Zustimmung und hatten selbst für den Antragsteller eine solch überzeugende Kraft, dass dieser beschämt seinen Antrag zurückstellte. Wir haben nun noch über die Resolutionen zu berichten, welche die Herren Augsburger im Namen des Judentums fassten. Sie gipfeln in Folgendem:

Die religiösen Formen sollen Ausdruck des religiös sittlichen Gedankens sein und in allen Beziehungen der Bildungsstufe usnerer Zeit entsprechen. Aus dem Synodischen ins Deutsche übersetzt, bedeutet das nichts Anderes als die Aufhebung sämtlicher spezifisch jüdischer Religionsgesetze.

Die von uns benützte Quelle gibt jedoch die wirklich gefassten Resolutionen nicht an; sie erzählt nur, dass die Versammlung bei Verlesung derselben in schallenden Applaus ausgebrochen, dass jedoch die anwesenden Rabbinen sich gefürchtet und zum Rückzug geblasen hätten.

Das war die Synode von Augsburg. כן יאבדו כל אויביך ה'[74]!

---

[74] „Alle deine Feinde, Ewiger, werden umkommen …" (Richter 5.31)

In der Folgewoche, in der Ausgabe des 9. Augusts widemete sich „Der ISRAELIT" dem *Israelitischen Gemeindebund*:

Leitender Artikel.

In Sachen des isr. Gemeindebundes.

Mainz, 31. Juli.

Die Frage, ob die isr. Gemeinden orthodoxer Richtung sich dem zu begründenden isr. Gemeindebunde anschließen sollen oder nicht, tritt immer näher an uns
heran und fordert die sorgfältigste Erwägung. Bereits

„Die Frage ob die israelitischen Gemeinden orthodoxer Richtung sich dem zu begründenden israelitischen Gemeindebund anschließen sollen oder nicht, tritt immer näher an uns heran und fordert die sorgfältigste Erwägung. Bereits hat eine gewichtige Stimme, die des allgemein verehrten Herrn Rabbinen Dr. Hildesheimer in Berlin sich über diese Frage in diesen Blättern vernehmen lassen, ohne dass jedoch die Frage zum Abschluss gekommen wäre. Wir wollen hiermit eine Reihe von Artikeln über diesen Gegenstand eröffnen, und wäre es sehr erwünscht, wenn Männer von Autorität und bewährter Gesinnung zustimmend oder ablehnend diese hochwichtige Fragen in diesen Blättern erörtern wollten, damit die Gemeinden sich darüber klar werden und ihr Fernbleiben oder ihren Beitritt nicht von Zufälligkeiten abhängig sein lassen, sondenr damit sie nach festen und klaren Grundsätzen handeln. Nur in dieser Weise kann ihr Verhalten wahrhaft nutzbringend und ersprießlich sein.*

Der Gemeindebund hat in seiner jüngsten Generalversammlung offen erklärt, dass er den religiösen Parteiungen fern bleiben, dass er ein Band für die deutschen Juden sein, ohne dass er der religiösen Richtung derselben, welche diese auch sein mag, irgendwie zu nahe treten will. Wir haben keinen Grund, an der Aufrichtigkeit dieser Versicherung zu zweifeln. Allein eine andere Frage tritt uns nachweisbar entgegen: Wird es denn auch möglich *sein, von allen in das religiöse Leben eingreifenden Dingen fern zu bleiben?*

Wir wollen das an Beispielen klar machen. Das Unwesen der wandernden jüdischen Bettler hat in jüngster Zeit in einer erschrecklichen Weise überhandgenommen und ist zu eienr wahrhaften Landplage geworden. Weclh unsäglicher Missbrauch mit der jüdischen Mildtätigkeit getrieben wird – wir brauch es nicht erst zu sagen, jeder Leser hat gewiss darin bereits seine betrübenden Erfahrungen gemacht. Der israelitische Gemeindebund hat sich nun die allerdings löbliche Aufgabe gestellt, diesem Unfuge entgegenzutreten; er will verhüten, dass junge, arbeitsfähige Bettler das Land durchstreifen. Er will dafür sorgen, dass Kranke und Greise an ihrem Wortort unterstützt werden, er will sich der bettelnden Kinder annehmen, sie unterrichten und Handwerke erlernen lassen. Das ist alles sehr, sehr löblich. Allein schon hierbei kommen religiöse Fragen in Betracht! Ist es nicht zu befürchten, dass für usner Geld die künftigen Handwerker zur Sabbatentweihung erzogen werden (sollen)?

Der israelitische Gemeindebund erstrebt ferner eine Vertretung der Interessen der Israeliten den deutschen Regierungeng gegenüber.

Auch dies ist an und für sich sehr wünschenswert. Bei der nun mehr in ganz Deutschland eingeführten allgemeinen Militärpflicht z.B. ist seitens der Militärgesetzgebung eine größere Berücksichtigung des Judentums zu erstreben. So sind die jüdischen Soldaten in Bayern vom Militärdienst am Sabbat befreit; in den anderen deutschen Staaten aber nur selten und ausnahmsweise. Aber wird der Vorstand des israelitischen Gemeindebundes in seiner jetzigen Zusammensetzung für derartige Dinge einzutreten gewillt sein?

Würzburg, 31. Juli – *In Nummer 30 des „****Israelit****" veröffentlichten Sie auf Veranlassung eines Korrespondenten aus Schwaben den früheren Protest von 133 der bedeutendsten Rabbiner Europas, welche auf die sog. 2. Isr. Synode umso mehr Anwendung findet, da diese Synodal-Beschlüsse nicht allein* פסול משפחה,[75] *sondern auch in mehreren Fällen* [76] חשש ממזרת *und* [77] ממזר ודאי *herbeiführen könnten.*

Sehr richtig veröffentlichen Sie auch die Namen der 21 Synodal-Rabbiner zur „Berüchtigung" in Israel und fordern zugleich die Gläubigen auf, dahin zu streben, dass diese [78] מחטיאי את הרבים „in Folge ihrer Synodaltätigkeit ihres Amtes entsetzt werden", *und* „wenn dieses nur bei Einem gelingt, so wird's mit dem Synodalschwindel bald auf immer ein Ende haben."

Dass hiermit jeder wahrhafte Jehudi vollkommen übereinstimmt, bedarf keiner Erwähnung; allein wir müssen auch dahin trachten, dass wir ein solches Vorgehen unterstützen und auszuführen helfen.

Ein anderer Umstand ist meines Erachtens noch von höchster Wichtigkeit. Wie bereits angedeutet, so können uns in Folge auf Plätzen, wo diese Synodler ihr Wesen treiben, ספק אונד ודאי ממזרים auch in Hülle und Fülle erwachsen. Es muss daher dafür Sorge getragen werden, dass das orthodoxe Judentum bei Verehlichungen in späteren Zeiten Recherchen pflegen kann, ob sich bei der beabsichtigten Verbindung nicht ממזרת oder [79] ספק ממזרת eingeschlichen haben. Deshalb ist es dringend geboten, dass hierauf allenthalben ein wachsames Auge gerichtet wird und dass die namen der Kinder, die aus solchen Ehen hervorgegangen (sind), öffentlich verzeichnet werden.

Zur Erreichung beider Momente glaubte ich auf meinen Vorschlag, den ich in der Beilage zu Nr. 29 des „Israelit" vom IX. Jahrgang brachte, zurückkommen zu sollen. Es handelte sich damals um die Frage: „wie ist der Religionslosigkeit des gegenwärtigen, und noch mehr des heranwachsenden Geschlechts, die leider immer größere Dimensionen annimmt, zu

---

[75] (nach dem Religionsgesetz:) irreguläre Familie
[76] Vermeidung von *Mamsern* (illegitimen Kindern)
[77] Mamser-Verdacht
[78] "die viele zu Untaten verführen", Zitat aus Mischna Awot 5.17
[79] Mamser oder Mamser-Verdächtige

steuern?" worauf ich unter anderem Folgendes erwiderte: Wenn eine Abhilfe angestrebt werden soll, so müssen wir einen anderen Weg einschlagen und dahin trachten, dass wir die zerstreuten noch immer vorhandenen echten Jehudim unterstützen und ihnen eine Centralisation anbahnen. So traurig unsere religiösen Verhältnisse sich auch gestaltet haben, so bleibt doch [80]ב"ה in jeder Gegend der Satz richtig כי לא אלמן ישראל.[81] Diese einzelnen Kräfte müssen gehörig benützt werden, und bei ihrer Vereinigung kann Vieles und Großes geschehen. Wir haben in politischer Beziehung ein Vorbild an der „Alliance Isr." zu Paris.[82] Überall wo es nottut, wnedet man sich an desen Centralpunkt, und ihre Wirksamkeit hat schon bedeutende Resultate geliefert. Warum soll ähnliches nicht auch in religiöser Beziehung möglich sein? Mein unmaßgeblicher Vorschlag geht nun dahin, dass man den projektierten [83]שומרי שבת -Verein alsbald ins Leben rufen und damit einen Verein für Conservierung der religiösen Interessen verbinde. Die vorläufige Aufgabe dieses Vereins soll dahin gehen, einen Centralpunkt für alle einzelne orthodoxen Juden zu bilden. Es gibt sehr viele treue Glaubensbrüder, die leider unter dem Joche sogenannter Rabbiner seufzen, wie solche die Kasseler Komödie[84] uns in nackter, wahrer Gestalt zeigte. Sehr viele würden mit Freude gegen solche [85]נביאי שקר auftreten und mit Feuereifer für die heilige Religion ihrer Väter einstehen, wenn sie nur der gehörigen Unterstützung gewiss wären. Haben wir aber einen Centralpunkt geschaffen, an den sich solche bedrängte Göaubensbrüder wenden können, setzen sodann all Zweigvereine ihre Tätigkeit mit ein, dann kann Großes und Ersprießliches geleistet werden. ... Es gibt ב"ה noch in allen größeren Städten orthodox gesinnte, wahrhafte Jehudim, die gerne ein Comité bilden und wo es gilt die [86]אמונה zu halten, freudig nach Anleitung des Central-Comités ihre

---

[80] Abkürzung für ברוך השם (Gesegnet der Name), sprichwörtlich „Gott sei Dank".

[81] Anfang des Zitats aus Jeremia 51.5: „*Israel ist nicht verlassen ...*"

[82] Alliance Israélite Universelle (hebräisch כל ישראל חברים; 1860 gegründete Kultur- und Wohlfahrtsorganisation, die sich dem internationalen Kampf gegen Judenhass annahm. Federführend als Finanzier war Maurice de Hirsch (1831-1896) aus Planegg bei München, dessen mütterliche Vorfahren aus Pfersee stammten.

[83] "Schabbat-Wächter" die sich für die Einhaltung der Gebote einsetzen.

[84] Die Reform-Rabbiner-Versammlung von 1868 in Kassel.

[85] *Falsche*, bzw. wörtlich: *Lügen- Propheten*.

[86] Emuna – Vertrauen, Glauben, etc.

Tätigkeit entfalten werden: es dürften all gerechten Klagen in religiöser Beziehung ebenso der Abhilfe entgegensehen, wie die in politischer Beziehung durch die „Allaince Isr." Es widerspricht ein solcher Verein durchaus nicht dem ursprünglichen שומרי שבת -Verein. Vielmehr erreicht man hierdurch mittelbar, was unmittelbar schwer zu erreichen ist. Werden die guten Kräfte vereinigt, werden jene Quasi-Rabbinen entlarvt und unschädlich gemacht, dann werden neue Kräfte sich vereinigen, eine neue religiöse Jugend wird sich heranbilden, die selbst darauf bedacht ist, den שבת so gut als alle anderen Gebote heilig zu halten, und dadurch würde am besten der שבת-Verein sein Ziel erreichen.

Ich will und kann für heute nicht näher auf die Organisation dieser Haupt- und Zweigvereine eingehen, weil ich zuvörderst abwarten muss, welche Aufnahme dieses Projekt finden wird. So viel glaube ich sagen zu sollen, dass wenn man ein Übel heilen will, man an der Wurzel zu beginnen hat, und dass jenen Quasi-Rabbinen ein großer Teil der Religionsverderbns zuzuschrieben ist. Das unterleigt keinem Zweifel.

Wirken wir nur gemeinschaftlich, und es wird nicht zu schwer sein, die Stellung von Männern zu erschüttern, die gar nichts nützen; denn bei den Orthodoxen haben sie keinen Wert, und für die Neologen sind sie ein reiner Luxusartikel. Ihre Überflüssigkeit scheinen diese Herren ja nun auch zu verspüren, daher die törichten Luftsprünge, wie solche in Kassel zu Tage getreten sind."

Diesen Vorschlag brachte ich damals, als sich jene Herren Geistlichen sich doch noch scheuten, so ganz öffentlich mit der תורה zu brechen. Um wieviel wichtiger dürfte deises Project jetzt erscheinen, da diese Aufgabe des zu gründenden Vereines eine noch bedeutendere sein würde. Durch den Haupt- und den Zweigverein könnten wenigstens allerorts die ehelichen Eingriffe gesammelt und öffentlich bekannt gemacht und ebenso die einzelnen Kämpfe der Orthodoxie gegen solche neologe Rabbinen kräftig unterstützt werden.

Wir müssen energisch vorgehen, dürfen uns keinen Illusionen hingeben, als sei von solchen Männern eine Rückkehr zum zum Besseren zu erhoffen;

denn die, welche mehr als sind, kehren nicht [87]ירבעם בן נבט מחטיא את הרבים zurück.

Ich ersuche Sie daher, geehrter Herr Redacteuer, dieses Project, wozu Sie shcon damals in einer Anmerkung Ihre Zufriedenheit aussprachen, ernsthaft in Angriff nehmen zu wollen und הש"בה wird seinen Segen hiezu geben.

E.R. Rosenbaum[88]

Die Redaktion merkte dazu an:

Wir sind gerne bereits, auf dieses Project einzugehen und erwarten die ausführlichen Vorschläge des geehrten Herren Correspondenten. ,'

[89] קריינ' דאגרתא פרוונקא

---

[87] Wie in Anm. 73 Anspielung auf Mischna Awot 5.17, wo seinerseits auf den biblischen Jeroweam ben Newat verweisen wird, der gesündigt und viele verführt haben soll. Siehe auch 1. Könige 1.5

[88] *Elias Raphael Rosenbaum* (1810-1886), war der Sohn des weithin bekannten und angesehenen Rabbiners *Mendel Rosenbaum* (1782-1868), der lange Zeit der Wortführer der Juden in Bayern war. Reb Mendel setzte 1840 in Würzburg die Wahl von *Seligman Bär Bamberger* zum Distriktrabbiner durch und bewirkte 1845 in Aschaffenburg für Absetzung des Neologen *Gabriel Löb Neuburger*. Mit seinem Vater Mendel zählte Elias zu den Mitbegründern der *Israelitischen Lehrerbildungs-anstalt* in Würzburg. Dass Elias Rosenbaum, der mit seienr Frau Jette 13 Kinder hatte und auch als Nagelschmidt arbeitete 1871 in Augsburg als Korrespondent des „Israelit" beiwohnte ist ansonsten nicht bemerkt.

[89] Anspielung auf Aramäisch nach Sanhedrin 96a: „Der Leser sei der Bote", soll sagen: *Es war dein Vorschlag, also arbeite es aus.*

In Augsburg wurde die vakante Rabbinerstelle bei Bedarf vom benachbarten Rabbiner Simon Simcha Bamberger (1832-1897) und dessen Vertreter Mayer Weiskopf aus Fischach betreut. Erst fünf Jahre später wurde mit Heinrich Gross ein neuer Rabbiner in Augsburg angestellt. Wegen seiner weit über Augsburg hinaus anerkannten Gelehrsamkeit war er über alle Konflikte erhaben und wirkte integrativ nach allen Seiten.

Mayer Weiskopf und Simcha Bamberger

Ritter von Wertheimer: Ein Wort zur Fragestellung. In Wien sowohl als in anderen Gemeinden, welche der Wienergemeinde nahestehen, besteht eine ausdrückliche Formel bei der Trauung, wobei das „Ja" der Braut geboten ist. Daher möchte ich nur diesen Zusatz in der Fragestellung, daß da, wo die Braut ganz passiv ist, wo sie gar kein Zeichen des Consenses giebt, daß in solchen Fällen eine ausdrückliche Formel soll angenommen werden, weil sonst das große Publikum irre geführt werden könnte.

I. Präsident: Ob das Publikum irre geführt wird, kann uns ganz gleichgiltig sein. Es ist das eine historische Thatsache und das Publikum kann sich darüber unterrichten, was die Synode beschlossen hat.

Dr. Hirschfeld: Nur eine Bemerkung.

I. Präsident: Ich werde das Wort über diese Abstimmung keinem mehr geben.

Dr. Hirschfeld: Es ist keine unwichtige Bemerkung: Es kann die Versammlung über die Zulässigkeit nicht abstimmen.

I. Präsident: Sie bekommen zur Begründung dieses Satzes das Wort von mir nicht. Wenn die Versammlung diese Meinung hat, braucht sie ja nur „Nein" zu sagen; damit ist ja die Sache in ihre Hand gegeben. Begreifen Sie denn das einfache logische Verhältniß nicht? Wie braucht eine Versammlung darüber abzustimmen, ob sie Zulässigkeit erklären kann oder nicht, wenn sie nachher durch „Nein" einfach aussprechen kann: Sie ist nicht zulässig.

Dr. Hirschfeld: Es ist ja der Talmud nicht allen Mitgliedern der Synode bekannt.

— 46 —

I. Präsident (unterbrechend): Sie haben nicht das Wort.

Diejenigen Herren, welche dafür sind, daß die Synode erklärt: Es ist zulässig, daß bei der Trauung auch das Weib eine Formel spricht — denn auch diejenigen, welche gegen Uebergabe gestimmt haben, können immer noch die Formel wollen, über deren Näheres wir sogleich noch sprechen werden in den folgenden Anträgen — diejenigen, welche dafür sind, daß das Weib bei der Trauung ebenfalls eine Formel spreche, bitte ich, sich von den Sitzen zu erheben.

(Geschieht.)

Wir wollen zählen.

(Geschieht.)

Meine Herren! Es kann ein sehr großer Mangel wenigstens im Sinne der Synode nicht in dieser Fragestellung gewesen sein. Denn 39 von den anwesenden Herren haben dieselbe bejaht. Es sind also 39 Stimmen dafür. Demnach ist von der Synode irgend eine Formel, welche das Weib sprechen soll, bei der Trauung als zulässig erklärt. Es

Auszug aus den Augsburger Sitzungs-Protokollen, S. 45/46, von der zweiten Sitzung am 2. Juli 1871, 9 Uhr

Die Rolle des Augsburger Rabbiners Dr. Hirschfeld bei der Synode ist im Abstand von 150 Jahren etwas schwer zu verstehen. Das ist nicht verwunderlich, gingen zwischenzeitlich ja auch sogar seine Vornamen und Teile seiner Biographie verloren. Noch vor ein paar Jahren sprachen Lokalhistoriker stereotyp nur von einem Rabbiner Hirschfeld, ohne etwas über seine Biographie mitteilen zu können oder auch nur seine Vornamen und Lebensdaten zu kennen. Daran geändert hat die öffentliche Zugänglichkeit alter Zeitungen durch Online-Anbieter wie Google-Books.

Bis heute relativ unklar war auch die Frage, was mit ihm nach der Synode geschah, bei welcher er, wie aus den Protokollen ersichtlich ist, nicht nur passiv teilnahm, sondern auch Anträge stellte und zudem auch gewähltes Mitglied der inhaltlich sehr umstritteneren Ritus-Kommission wurde.

Die gedruckten Sitzungsprotokolle der Synode überliefern einen etwas längeren Wortbeitrag der 4. Sitzung vom 13. Juli 1871 aus dem dann doch seine Haltung zu bestimmten Fragen der Religion und ihrer Reform ersichtlich wird. Es eignet sich daher auch um die Ansonsten kaum artikulierten Abläufe zu deuten.

Dr. Hirschfeld: Meine Herren! Ich muß in vorneherein bemerken, was allerdings gegen mich spricht, ich war beim Anfang der
Diskussion nicht anwesend; doch hoffe ich gleichwohl im richtigen Zu-
sammenhange mit dem, was hier gesagt wurde, zu sprechen. Wenn ich
nämlich richtig gehört habe, war das, das letzte Wort des Herrn Dr.
Wassermann: die Gemeinde habe das Recht, es sei das begründet in
den früheren Religionsschriften, Gesetze zu machen, sie möge also von
dem Rechte Gebrauch machen, und eine Revision des Schulchan aruch
herbeiführen. Das wurde bekämpft. Ich muß gestehen, daß ich weder
mit der einen noch der anderen Auffassung mich einverstanden erklären
kann. Nach meiner Meinung hat — ich sage das mit Dr. Szanto,
nur in einem anderen Sinne — nur Einer das Recht Gesetze zu machen
und das ist Gott! Gott und der Geist Gottes, den er auf seine Be-
rufenen in Israel gelegt hat. Wir stehen, ob wir Gemeinden sind, ob wir
Einzelne sind, wir stehen unter dem Gesetze, wir stehen nicht über dem
Gesetze; also das ist einmal nicht so, daß die Gemeinde als Gemeinde
das Gesetz machen könnte. vielmehr muß ich mir erlauben zu bemerken,
daß es ein viel verbreiteter Irrthum ist, von Gemeinde-Autonomie in
religiöser Beziehung zu sprechen. Das jüdische Gesetz sagt das Gegen-
theil: Die Gemeinden haben nicht das Recht, Gesetze zu machen, nicht
einmal eine Einrichtung, und wenn sie einmal eine Einrichtung machen,
so muß diese erst die Sanktion erhalten, sonst hat sie die Geltung nicht,
welche nothwendig ist, damit ein Jeder, der in die Gemeinde tritt, zugleich verbunden sei, sich dieser Einrichtung zu unterwerfen. Ich will
mich darüber nicht weiter verbreiten, ich wollte nur sagen, daß eine Gemeinde eine legislatorische Macht nicht habe, folglich sich hierin auch
nicht vertreten lassen kann.

Anderseits aber ist es richtig, daß das Gesetz fortwährend umgeschaffen wurde und fortwährend umgeschaffen werden müsse.

Ja, fragt man, ob eine Reform des Gesetzes gestattet oder gar
geboten ist? so antworte ich: Das Judenthum gestattet nicht die
Reform, das Judenthum gebietet nicht die Reform, das Judenthum
ist die Reform. Es ist nichts anderes als die fortwährende Scheidung
und Umbildung des Gesetzes im Geiste Gottes. Wenn man aber sagt,
der Schulchan aruch hat deßhalb, weil das Gesetz fortwährend umgeschaffen und umgewandelt werden muß, keine Geltung, so widerspreche
ich dem mit denselben Worten, welche die Herren gebrauchten, die das
behaupten. Herr Dr. Szantó sagte: „der Schulchan aruch sei nur ein
Compendium", da er aber nur ein Compendium des talmudischen Gesetzes ist, das talmudische Gesetz hingegen seine Giltigkeit behauptet, wie
kann nun behauptet werden, der Schulchan aruch sei außer Geltung?
Und will man abschaffen, so könnte man nur sagen, daß man ein Ge-

setz abschafft, aber nicht ein Compendium.

Der Wassermann'sche Antrag sollte richtigerweise lauten: „Es soll eine Revision des Talmudischen Gesetzes vorgenommen werden."

Ich möchte daher bitten, daß wir nicht aussprechen, wir unterwerfen uns dem Schulchan aruch nicht. Wenn es sich um eine Theorie handelte, könnten wir sagen, wir stehen so hoch, daß wir keines Compendiums bedürfen, sondern aus dem Talmud selbst schöpfen; aber wenn wir sagen, wir verwerfen den Schulchan aruch in dem Sinne, daß was darin steht, keine Geltung für uns hat, so frage ich, was hat denn Geltung für uns? Der Talmud? Aber der Schulchan aruch ist ja nur das codifizirte Compendium desselben. Sagt man aber: weder Schulchan Aruch noch Talmud haben Geltung, sondern blos die Bibel; so möchte ich hierauf ein zweifaches antworten. Erstens, daß ja selbst die Bibel nicht bestehen kann in der Weise, wie sie von Gott gegeben wurde, da sie doch wesentlich eine Theokratie war. Die Normen, die für einen Gottesstaat ertheilt wurden, konnten und können ja nicht mehr bestehen in einer Zeit, wo es keinen Gottesstaat mehr gab und giebt. Aber die Ideen, die diesen Normen zu Grunde liegen, leben und wirken fort im Judenthume. Die Heroen des Talmuds haben, wenn sie es nöthig fanden, ihre legislatorisch umbildende Hand, freilich im Geiste und im Interesse der Torah, an Torah-Gesetze selbst gelegt. Wer wüßte das nicht?

Das einerseits. Anderseits aber behaupte ich von dem talmudischen Gesetze, daß es noch immer seine volle Geltung hat. Die Reform, in dem eben ausgesprochenen Sinne, erkennt ja den Talmud an, sie behauptet nur das Recht der Weiter- oder Umbildung. Damit aber hat sie ja eben ausgesprochen, daß um das bisherige Gesetz außer Gültigkeit zu setzen, eine solche Umbildung nothwendig vorangehen müßte.

Meine Herren! Wenn Sie heute erklären, vorausgesetzt, daß wir hier das Recht dazu haben, irgend ein Gesetz sei abgeschafft, so ist von dem Augenblicke an, wo der Beschluß gefaßt ist, das Gesetz außer Gültigkeit. Bis zu diesem Augenblicke aber steht das Gesetz in vollkommener Kraft. Gesetze können sich ändern und wechseln, aber Gesetzlichkeit muß bestehen. Sie war von jeher das Leben des Judenthums.

Das talmudische Gesetz also besteht. Somit ist der Antrag auf Revision ganz gut begründet, wenn auch nicht auf Revision des Schulchan aruch, so doch der rabbinischen Gesetze.

Allein nichts desto weniger muß auch ich mich gegen diesen Antrag aussprechen, weil, nach meinem Dafürhalten, es nothwendig ist, daß, ehe man an eine Revision, überhaupt an Reformen geht, die Prinzipien der Reform ausgesprochen und festgestellt würden!

Die Grundsätze nämlich, welche der Reform als Leitsterne dienen sollten, damit sie alsdann in der Behandlung der konkreten Fragen auf richtiger Bahn ihrem Ziele entgegen gehe.

Ich weiß es: man scheuet gewöhnlich Prinzipien auszusprechen, wegen der Tragweite, die ihnen innewohnt. Aber mir scheint es umgekehrt. Gerade das ist geeignet die Reform von dem Vorwurfe der Irreligiosität zu befreien. Gerade das Prinzip ist dasjenige, welches nicht nur die Klarheit nach Innen brächte, nicht nur das Ansehen nach Außen — — das Ansehen nach Außen, weil es sich alsdann nämlich nicht handelte um Fragen untergeordneter Art, oder um solche, die allerdings uns sehr wichtig sind, für welche jedoch die Bekenner anderer Confessionen gar kein Verständniß haben, so daß sie ihnen minutiös und äußerlich erscheinen müssen — nein! weil es sich alsdann um allgemeine, höhere Gedanken handelte, wo der sittliche und geistige Gehalt, der hohe Werth des Judenthumes hervortreten würden — — gerade das Prinzip, sage ich, ist es, welches nicht nur Klarheit nach Innen und Ansehen nach Außen brächte, sondern welches eben geeignet wäre, die Reform von dem Vorwurfe der Irreligiosität zu befreien.

Woher kommt es denn, daß viele Anhänger der Reform beschuldigt werden des Indifferentismus? und woher daß wir in der That soviel Indifferentismus finden? Es kommt von der negativen Richtung, von dem unmittelbaren Angreifen des Bestehenden. Es gilt, daß wir das Positive hinstellen, daß wir sagen: das ist uns heilig!

Ich glaube daher, man solle nicht sofort das Gesetz revidiren, sondern sich zuvörderst über die Prinzipien klar werden, über die Grundsätze der Reform, die leitend und bestimmend sein sollten für alle diejenigen, welche den Beruf haben im Gesetze zu ändern. Ich sage den Beruf. Denn soviel ist gewiß, daß nur der hiezu die Befugniß hat, welcher die Befähigung hiefür hat. Wir haben heute gehört, wie ein gelehrter Theologe erklärte, er sei in einer juristischen Frage unwissend gewesen. Nun so können Andere in theologischen Fragen unwissend sein — Ich spreche hier nicht von bestimmten Personen, sondern im Allgemeinen.

Somit beantrage ich, daß wir nicht Einzelnes revidiren, sondern Grundsätze der Reform aussprechen.

I. Präsident: Herr Dr. Hirschfeld, die Synode erwartet, daß Sie solche Grundsätze vorlegen. Ich glaube nicht, daß sie in der Lage ist, zu beschließen, sie wolle in Zukunft erst solche Grundsätze aussprechen; wenn Sie solche beantragen, und dieselben unterstützt werden, so kommen sie zur Diskussion und werden angenommen oder nicht.

Wassermann: Ich ziehe meinen Antrag zurück und erwarte, daß Sie den Satz: Wie das Aufsuchen verdienstlich ist, so zuweilen auch das Unterlassen, anerkennen. Allein ich muß mir doch erlauben, dem Redner, welcher gegen meinen Antrag gesprochen hat, einiges zu erwidern.

I. Präsident: Ich werde Sie schützen, das versteht sich von selbst.

Allein Sie werden selbst einsehen, daß Sie eigentlich über denselben zurückgezogenen Antrag das Wort nicht mehr ergreifen können. Ich werde Ihnen indessen das Wort geben; ich bitte aber, bei der sich zeigenden Ungeduld der Versammlung sich kurz zu fassen.

Kohner: Ich halte es für unzulässig, über einen zurückgezogenen Antrag eine Debatte zuzulassen.

I. Präsident: Es ist keine Debatte, sondern Herr Wassermann hat das Wort zu einer Erklärung über den zurückgezogenen Antrag. Ich habe Herrn Wassermann bereits aufmerksam gemacht, daß er Rücksicht nehmen soll auf die vorgeschrittene Zeit; eine größere Schroffheit wäre wirklich nicht angemessen.

Wassermann: Ich erlaube mir Herrn Kohner zu bemerken, daß ich zur Beruhigung der Gemüther der Versammlung vorweg erklärt habe, ich ziehe meinen Antrag zurück. Würde ich nicht am Schluß der Debatte aufgetreten sein mit dieser Erklärung, so hätte mir doch das Wort entschieden zugestanden werden müssen.

Ich will die persönlichen Bemerkungen bei Seite setzen. Herr Klingenstein sagt über den Zweck meines Antrags, daß wir keine Mumie beleben sollen, daß wir im Flusse bleiben sollen. Sind wir denn im Flusse? Wir müssen es erst in den Fluß bringen. Allerdings, sagt Herr Dr. Adler, wir müssen reformiren. Das ist aber keine Reform, das ist eine Revolution, die wie jede Revolution sich auf der Gasse entwickelt. Deßhalb wollte ich gerade, daß die Revolution aufhört und daß es eine Reform werde. Nachdem ich die Tendenz meines Antrags auseinandergesetzt habe, um zu zeigen, wie ist das Stehende in Fluß zu bringen und zu erhalten und zwar in einen größeren Fluß zu bringen als bisher — denn das war nur ein Flüßlein und kein Fluß — nach dieser Erklärung ziehe ich meinen Antrag zurück.

I. Präsident: Meine Herrn! Die Discussion über diesen Gegenstand ist erschöpft, und ich gehe daran, die Sitzung zu schließen. Ich möchte nur noch die Mittheilung machen, daß ich unsere Sitzung morgen mit Rücksicht darauf, daß es vielleicht heute doch ein Stündchen später

bringen und zu erhalten und zwar in einen größeren Fluß zu bringen als bisher — denn das war nur ein Flüßlein und kein Fluß — nach dieser Erklärung ziehe ich meinen Antrag zurück.

I. Präsident: Meine Herrn! Die Discussion über diesen Gegenstand ist erschöpft, und ich gehe daran, die Sitzung zu schließen. Ich möchte nur noch die Mittheilung machen, daß ich unsere Sitzung morgen mit Rücksicht darauf, daß es vielleicht heute doch ein Stündchen später werden könnte, als es sonst für Synodalmitglieder gewöhnlich ist, um 10 Uhr eröffnen und in ähnlicher Weise wie heute mit einer Pause, eine längere Sitzung halten werde. Ich ersuche aber die Herren sich vorher ja darüber schlüssig zu machen, oder wenigstens Ihre Besprechungen darüber eifrig zu betreiben, damit wir morgen vor Eintritt in die Tagesordnung besonders beschließen können, wie lange die Synode überhaupt noch beisammen bleiben soll, und insbesondere darüber, ob nächsten Sonntag Sitzung sein soll.

Meine Herren, die vierte Sitzung ist geschlossen, die fünfte Sitzung beginnt morgen früh 10 Uhr.

(Schluß der Sitzung $^3/_4$4 Uhr.)

Literatur (Auswahl)

Berek, Mathias – *Moritz Lazarus, deutsch-jüdischer Idealismus im 19. Jahrhundert*, Göttingen 2020

Bamberger, Nathan – *Rabbiner Seligman Baer Bamber, dessen Leben und Wirken*, Würzburg 1897

Bamberger, Bär Seligman – *Einige Worte des Aufschlusses im Betreffe der Emancipation der Juden*, Fürth 1850

Baumel, Moshe – Das jüdische Eherecht, eine halachisch-kritisches Besprechung des Werks von Walter Homolka, 2013

Cohen, Boas, Prof. – *Law and Tradition in Judaism*, New York 1969

Goldfine, Yitzhak – Jüdisches und Israelisches Eherecht, 1975

Heimberger, Joseph – *Die staatskirchenrechtliche Stellung der Israeliten in Bayern, ein Beitrag zur Lehre von den Privatkirchengesellschaften*, Würzburg 1893

Homolka, Walter – *Das jüdische Eherecht*, Berlin 2009

Israelitische Synode (Hrsg.) – *Verhandlungen der ersten israelitischen Synode zu Leipzig vom 29. Juni bis 4. Juli 1869* (enthaltend: Protokolle, stenographische Niederschriften), Gerschel, Leipzig 1869

Israelitische Synode (Hrsg.) – *Geschriebene Photographien aus der ersten israelitischen Synode zu Leipzig am 29. Juni 1869*, Leipzig

Israelitische Synode (Hrsg.) – *Verhandlungen der zweiten israelitischen Synode zu Augsburg vom 11. bis 17. Juli 1871* (nach der stenographischen Aufzeichnung), 1873 Louis Gerschel Verlagsbuchhandlung, Berlin 1873

Lazarus, Moritz, Prof. Dr. – *Rede beim Schluss der ersten israelitischen Synode zu Leipzig am 4. Juli 1869 gehalten vom Präsidenten der Synode Prof. Dr- M- Lazarus aus Berlin, nebst der Ansprache des Oberrabbiners Dr. Löw aus Szegedin an den Präsidenten*, Leipzig 1869

Lazarus, Moritz, Prof. Dr. – *Rede bei der Eröffnung der 2. Israelitischen Synode zu Augsburg am 11. Juli 1871*, Berlin 1871

Plaut, Gunther W. – *The Rise of Reform Judaism, a Sourcebook of its European Origins*, 1963/2015

Salmon, Yosef – אורתודוקסייה יהודית, Jerusalem 2006

<u>Abbildungen:</u>

Google Books, Hebrew Books, Wikipedia

Tautenhahn: 27

Chana Tausendfels: 41

Yehuda Shenef (Fotos, Postcards): 21, 23, 28, 39, 53, 66, 67, 69, 70, 73

Weitere Bücher des Autors (Auswahl)

Die Liebe ist der Dichtung Stern

Der Jüdische Friedhof Augsburg Hochfeld

Hardcover, 220 Seiten, DIN A4, März 2019
ISBN: 9783752856569

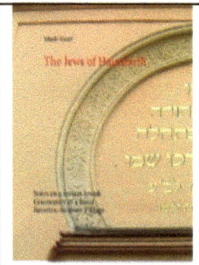

The Jews of Hainsfarth

Notes on a former Jewish Community in a Rural Bavarian-Swabian Villlage

Paperback, 60 Seiten, August 2019
ISBN: 9783732240944

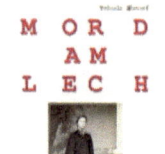

Mord am Lech

ein jüdisch-bayerischer Kriminalfall aus dem Jahr 1862

Paperback, 264 Seiten, 2. Auflage, 2017
ISBN: 9783744893640

Wann immer ich von Deiner Ehre erzähle

**Der Augsburger Judenkirchhof
- zu Geschichte und Überresten des mittelalterlichen jüdischen Friedhofs in Augsburg**

Hardcover, 224 Seiten, DIN A4, Dez.-2020
ISBN: 978-3751971874

www.jhva.de

Yehuda Shenef

**Die Israelitische Synode des Jahres 1871
im Goldenen Saal des Augsburger Rathauses**

Umschlag:

Yehuda Shenef (Idee), Yakov Samolovych (Verbesserung und Realisierung)

© 2021, Yehuda David Shenef
Herstellung und Verlag: BoD – Books on Demand, Norderstedt
ISBN: 9783755711964

ISBN: 9783755711964